T0208961

IT kompakt

Werke der „kompakt-Reihe" zu wichtigen Konzepten und Technologien der IT-Branche:

- ermöglichen einen raschen Einstieg,
- bieten einen fundierten Überblick,
- sind praxisorientiert, aktuell und immer ihren Preis wert.

Weitere Titel der Reihe siehe: http://www.springer.com/series/8297.

Michael Richter · Markus D. Flückiger

Usability und UX kompakt

Produkte für Menschen

4. Auflage

 Springer Vieweg

Michael Richter
Markus D. Flückiger
Zühlke Engineering AG
Schlieren, Schweiz

IT kompakt
ISBN 978-3-662-49827-9   ISBN 978-3-662-49828-6 (eBook)
DOI 10.1007/978-3-662-49828-6

Die Deutsche Nationalbibliothek verzeichnet diese Publikation in der Deutschen Nationalbibliografie; detaillierte bibliografische Daten sind im Internet über http://dnb.d-nb.de abrufbar.

Springer Vieweg
Die Vorauflagen erschienen unter dem Titel „Usability Engineering kompakt".

Gedruckt auf säurefreiem und chlorfrei gebleichtem Papier.

Springer Vieweg ist Teil von Springer Nature
Die eingetragene Gesellschaft ist Springer-Verlag GmbH Berlin Heidelberg

Vorwort

Zur vierten Auflage

Wir feiern Jubiläum! Vor 10 Jahren erschien die erste Auflage dieses Buches unter dem Titel „Usability Engineering kompakt". Wir freuen uns über all die Rückmeldungen und haben wieder mit viel Enthusiasmus an der neuen Auflage gearbeitet. Unser Buch ist inzwischen unter dem Titel „User-Centred Engineering – Creating Products for Humans" auch in einer englischen Version erschienen [Richter et al. 14].

Was hat sich in der Zwischenzeit getan? *Usability Engineering* und *User Experience, Human Computer Interaction Design, Customer Experience und Innovation*: anders als noch vor 10 Jahren existieren heute bereits zahlreiche Lehrgänge zum Thema Nutzerorientierung. Im Anhang haben wir neu eine Übersicht über diese Weiterbildungsmöglichkeiten im deutschsprachigen Raum aufgeführt. Was uns besonders freut: Viele Hochschulen und Institute setzen unser Buch als Lehrmittel zur Einführung und Übersicht für ihre Studenten ein. Dafür möchten wir uns bedanken!

In den zehn Jahren hat sich auch zum Thema Mensch und Technik so einiges verändert. Zählen Sie mal alle Geräte in Ihrem Haushalt mit drahtloser Verbindung. Sie werden erstaunt sein! Wir sind in unseren Haushalten jeweils auf mehr als 10 Geräte mit WLAN in regelmäßigem Gebrauch gekommen – all die ausgedienten Handys und Geräte, die noch in irgendwelchen Schubladen liegen, nicht mitgezählt. Es ist offensichtlich: immer günstigere und kleinere Technologien bieten uns immer mehr Möglichkeiten – vermutlich mehr als wir wirklich benötigen. Immer entscheidender wird die Nützlichkeit und Benutzbarkeit all dieser Anwendungen.

In der neuen Auflage unseres Buches finden sich mehr Beispiele und Themen zu den frühen Phasen der Produktinnovation. Mit dem neuen Titel „Usability und UX" möchten wir der Entwicklung des Fachgebietes Rechnung tragen, das sich in den letzten Jahren stark verbreitet und differenziert hat. Und auch das Thema *Design Thinking* haben wir aufgenommen. Wir denken, dass der Fokus des Buches nun noch besser für die Innovation und Entwicklung nützlicher und benutzbarer Produkte passt.

Auch in der Art, *wie* wir Produkte und Software entwickeln, hat sich einiges verändert. Viele Projekte sind heutzutage schlank und agil unterwegs. Dies erfordert mehr Kommunikation der Beteiligten, engere Feedbackzyklen und leichtgewichtige Methoden. Die veränderten Paradigmen werfen aber auch viele Fragen auf. In der neuen Auflage haben wir deshalb noch mehr Inhalte und Beispiele zu nutzerorientierten Methoden im agilen Umfeld und beleuchten wiederum die Aspekte aus der Praxis.

Für wen ist dieses Buch?

Dieses Buch richtet sich in erster Linie an Beteiligte in der Entwicklung von Software und Produkten – Produktverantwortliche, Projektleiter, Berater und Analysten, die vor einer großen Herausforderung stehen: Technische Systeme zu entwerfen, die auf die Bedürfnisse der Nutzer passen. Unser Ziel ist es, Ihnen eine kompetente Übersicht zu verschaffen.

Sie werden Antworten zu folgenden Fragen finden:

- Was muss ich über Usability und User Experience wissen?
- Welches sind die wichtigsten Methoden und wie laufen sie ab?
- Wie passen nutzerorientierte Aktivitäten in den Entwicklungsprozess?
- Wie kann ich Usability und UX im Unternehmen verankern?
- Was hat sich in der Praxis bewährt?
- Welche verwandten Gebiete gibt es und wo finde ich weitere Informationen?

Wir hoffen, auch weiterhin vielen Studenten in Aus- und Weiterbildungen eine leicht verständliche Einführung in die Materie und eine kompakte Übersicht zu vermitteln.

Als Benutzer von technischen Systemen sind wir alle gefordert: Entweder wir akzeptieren, was wir täglich vorgesetzt bekommen, oder wir versuchen, zu einer Verbesserung beizutragen.

Wir bedanken uns für Ihr Engagement für die Entwicklung von Produkten für Menschen und wünschen Ihnen viel Spaß beim Lesen!

Markus Flückiger und Michael Richter

Inhaltsverzeichnis

Der Weltraum – unendliche Weiten. Wir schreiben das Jahr 2202. Dies sind die Abenteuer des Raumschiffs Enterprise. Persönliches Logbuch des Captains: Der Computer versteht noch immer nicht, was ihm gesagt wird und reagiert äußerst respektlos. Scotty versucht seit Tagen, die Bedienung des neuen Transporters in den Griff zu bekommen, und unser Tricorder liefert immer dieselbe unverständliche Fehlermeldung ...

1.1 Wir alle sind Benutzer

Ist Ihnen auch schon aufgefallen, dass im Fernsehen die Leute meist mühelos mit der Technik klarkommen? Wir hingegen stolpern bei Anwendungsprogrammen, tippen falsche PIN-Codes ein, verlaufen uns in Flughäfen und verzweifeln regelmäßig an unseren neusten digitalen Geräten. Im täglichen Kontakt mit technischen Systemen haben wir uns alle schon eine Vorstellung davon gemacht, was *Usability* und *User Experience* bedeuten. Lassen Sie uns diese Einführung deshalb mit einigen Klassikern aus dem Alltag der Gegenwart beginnen. Sicher sind auch Ihnen schon solche oder ähnliche Situationen mit gut oder schlecht benutzbaren technischen Systemen in Erinnerung geblieben:

© Springer-Verlag Berlin Heidelberg 2016, M. Richter, M. D. Flückiger, *Usability und UX kompakt*, IT kompakt, DOI 10.1007/978-3-662-49828-6_1

- Der Fahrkartenautomat, der immer gut funktionierte, bis zu dem Zeitpunkt, als ein neues Gerät mit vielen neuen Funktionen eingeführt
  wurde.
- Die neue Digitalkamera, mit der man auf Knopfdruck alle möglichen
  Optionen einstellen kann – und nie wieder zurückfindet. Und wo war
  noch mal die Anleitung?
- Die Leichtigkeit, mit der Sie Musik aus dem Internet herunterladen, in
  Musiklisten ordnen und auf Ihrem Smartphone überall hören konnten;
  wenigstens bis zum Wechsel des Telefons.
- Die Telefonrechnung, nachdem Sie mit dem neuen automatischen Bu-
  chungssystem endlich Ihre Kinotickets für die Abendvorstellung re-
  serviert hatten.

Interaktive Produkte begleiten uns in unserem Alltag. Vielleicht gehören
auch Sie zu jenen Menschen, die sich längst damit abgefunden haben,
dass viele Systeme schlichtweg kaum zu benutzen, andere dagegen hervorragend sind. Ist das Zufall? Welche Faktoren bestimmen, ob wir mit
einem Produkt sehr einfach, nur schwer oder gar nicht zum Ziel kommen? Welche Möglichkeiten bieten sich, diese Faktoren bereits in der
Gestaltung und Entwicklung systematisch in den Griff zu bekommen und
ein positives Erlebnis zu schaffen? Um solche Fragestellungen geht es
bei Usability und User Experience (UX).

1.2   Der Benutzer ist nicht wie ich

Bestimmt haben Sie schon einmal einen wichtigen Text geschrieben und
den Entwurf jemand anderem zum Lesen gegeben. Sicher haben Sie die
Erfahrung gemacht, wie wertvoll die Hinweise dieser anderen Person
waren. Sie selbst hatten sich über längere Zeit intensiv mit dem Thema
befasst und waren deshalb nicht mehr in der Lage, sich in die Sicht eines
außenstehenden Lesers zu versetzen. Sie hätten den Text auch einfach
alleine schreiben können, er wäre allerdings nicht so gut geworden wie
nach Einarbeitung des Feedbacks.

Die Entwicklung von Software oder interaktiven Produkten ist (in
aller Regel) komplexer als das Verfassen eines Textes. Die Projektbetei-

ligten sind vom Blickwinkel der späteren Anwender in zweierlei Hinsicht weit entfernt:

- Sie sind Spezialisten, die sich über längere Zeit mit der eingesetzten Technologie befasst haben und die Sichtweise eines unbedarften Benutzers nicht mehr ohne Weiteres einnehmen können.
- Sie sind bezüglich des Anwendungsgebietes, in dem die entwickelte Lösung zum Einsatz kommt, oft Laien. Hier ist der Benutzer der Experte. Die Entwickler werden sich nicht umfänglich mit dem Fachgebiet, den Konzepten und Begriffen und schon gar nicht mit den konkreten Abläufen in der alltäglichen Anwendung vertraut machen können.

In beiden Punkten ist die Perspektive der Benutzer notwendig, damit eine brauchbare und ansprechende Lösung entstehen kann. Dieses Buch befasst sich im Wesentlichen damit, wie die Benutzersicht systematisch in die Gestaltung und Entwicklung einbezogen werden kann.

Hintergrund: Perspektivenübernahme

Als *Perspektivenübernahme* wird in der Psychologie die Fähigkeit bezeichnet, eine bestimmte Gegebenheit aus der Sicht eines anderen zu verstehen. Die Fähigkeit der Perspektivenübernahme entwickelt sich im Kindesalter und wird im Verlauf des Lebens individuell unterschiedlich stark ausgeprägt. Dabei spielt es nicht nur eine Rolle, ob man sich in die Lage eines anderen versetzen kann. Entscheidend ist auch, den Bedarf für eine Perspektivenübernahme zu erkennen, die Lage aus Sicht des anderen zu analysieren und die daraus resultierenden Erkenntnisse anzuwenden.

1.3   „Den Benutzer" gibt es nicht

Bei vielen Produkten und neuen Technologien entsteht der Eindruck, dass diese komplett an den Bedürfnissen und Anforderungen der Benutzer vorbei entwickelt wurden. Nur selten treffen wir auf dieses perfekt passende Produkt, bei dem das Erlebnis entsteht, dass alles wie gewünscht zu funktionieren scheint. Weshalb ist das so? Könnte man nicht einfach herausfinden, was die Nutzer brauchen und eine dazu passende Lösung entwickeln? Offensichtlich stellt sich eine Reihe von Fragen, die nicht so leicht zu beantworten sind:

Herausforderung 1: Wer sind überhaupt die Benutzer? Oder mit anderen Worten: Für wen entwickeln wir das neue Produkt? Bei der Entwicklung interner Geschäftsanwendungen für ein Unternehmen sind die späteren Benutzer und Aufgaben aufgrund der Geschäftsziele und der bestehenden Belegschaft oft schon weitgehend umrissen. Bei neuartigen Consumer-Produkten kann es dagegen unklar sein, wer später das neue Produkt benutzen wird. Jeder einzelne Nutzer wird dabei andere Bedürfnisse haben. Wir entwickeln somit immer für eine bestimmte Menge von Nutzern, welche die gleichen Aufgaben und Ziele haben oder zumindest ähnliche Eigenschaften, Vorlieben und Verhaltensweisen aufweisen. Nur, was solche Nutzergruppen auszeichnet, ist oft alles andere als klar. Dieses Wissen gilt es zu erarbeiten. Die Aussagen der Nutzer, deren Bedürfnisse und Eigenschaften müssen aggregiert und zu einem Gesamtbild konsolidiert werden.

Herausforderung 2: Benutzer befragen genügt nicht. Menschen können den Nutzen eines neuen Produktes, mit dem sie noch keine Erfahrungen sammeln konnten, und die Komplexität, die sich aus den angebotenen Funktionen und Möglichkeiten ergibt, schlecht einschätzen. Sie können sich noch keine Vorstellung vom neuen Produkt machen und treffen deshalb Annahmen. Diese Annahmen erweisen sich in der Regel als falsch. Reine Befragungen von Zielgruppen, wie sie in der Marktforschung häufig durchgeführt werden, führen deshalb zu unzuverlässigen Resultaten für die Gestaltung neuer Produkte. Vielmehr muss es den Entwicklungsteams gelingen, ein gutes Verständnis für die Ziele der Benutzer aufzubauen und aus diesem Verständnis heraus eine passende Lösung zu erarbeiten.

Herausforderung 3: Produkte beeinflussen Verhaltensweisen. Die Benutzer müssen die neuen Möglichkeiten, die ein Produkt ihnen eröffnet, zuerst erkunden und ihre Gewohnheiten in gewissen Grenzen umgestalten, um daraus einen Nutzen zu ziehen. Dabei ergeben sich oft Anwendungsmöglichkeiten, an die die Produkthersteller gar nicht gedacht haben. Produkte verändern den Alltag und dadurch verändern sich wiederum die Erwartungen an das Produkt. Für die Gestalter der Produkte ist dies in zweierlei Hinsicht herausfordernd: Zum einen müssen sie solche Veränderungen abschätzen können. In Kap. 4 finden Sie Methoden, die dabei helfen können. Andererseits sollte ein Unternehmen ein Produkt immer wieder überdenken und an die geänderten Bedürfnisse anpassen. Den dazu notwendigen Draht zu den Nutzern zu etablieren, fällt vielen Firmen schwer. In Kap. 6 beschreiben wir dazu einige Ansatzpunkte.

Aus den genannten Gründen gibt es auch keine deduktive Vorgehensweise, mit der aus dem Wissen über die Benutzer direkt die richtigen Anforderungen abgeleitet und daraus eine erfolgreiche Lösung erstellt werden könnte. Es ist zielführender, Lösungen auszuprobieren, zu variieren und aus den Fehlern und Erfolgen zu lernen. Aus diesem Grund werden wir in diesem Buch immer wieder die Wichtigkeit des *Modellierens* betonen. Damit ist folgendes gemeint: Bevor eine erfolgreiche Lösung entwickelt werden kann, müssen Lösungsvorschläge und Prototypen erstellt werden und Feedback von möglichen späteren Benutzern eingeholt werden. In Kap. 4 werden wir die wichtigsten nutzerorientierten Methoden vorstellen, um genau dies zu tun.

Usability und UX

2

*Alles sollte so einfach wie möglich gemacht werden,
aber nicht einfacher. (Albert Einstein)*

2.1 Nutzerorientierte Fachgebiete

In den letzten Jahrzehnten haben sich verschiedene Fachrichtungen etabliert, die einen nutzerorientierten Ansatz bei der Entwicklung neuer Technologien und Produkte verfolgen:

- *Human Computer Interaction (HCI):* Bei der Mensch-Computer-Interaktion wird untersucht, wie Benutzer mit Software-basierten Anwendungen umgehen. Dabei stehen oft neuartige Interaktionsformen und Technologien sowie Ein- und Ausgabemedien im Vordergrund. Die psychologischen Rahmenbedingungen der Benutzer im Umgang mit diesen Technologien spielen eine wichtige Rolle. Ein zentraler Aspekt ist die Effizienz, mit der die Technologien verwendet werden können, etwa im Einsatz in der Industrie, wo ganze Generationen von Anlagesteuerungen mit Touchscreens ausgestattet werden oder bei der Entwicklung hoch performanter Anwendungen im Finanzbereich. Mit dem Einzug der Informationstechnologie in den privaten Alltag hat sich auch der Forschungsgegenstand gewandelt und heute spielen mo-

© Springer-Verlag Berlin Heidelberg 2016, M. Richter, M. D. Flückiger,
Usability und UX kompakt, IT kompakt, DOI 10.1007/978-3-662-49828-6_2

bile Technologien eine ebenso wichtige Rolle wie Anwendungen im Unterhaltungsbereich oder in der Kommunikation.

- *Human Factors:* Der „Faktor Mensch" ist zentraler Bestandteil bei der Entwicklung sicherheitskritischer Systeme. Die Möglichkeiten und Grenzen der menschlichen Wahrnehmung und Informationsverarbeitung sind wichtige Aspekte der Risikobetrachtung. Fehlinterpretationen kritischer Zustände und Gefahren führen regelmäßig zu Unfällen oder Schäden. Technologien müssen derart gestaltet werden, dass in ihrer Anwendung möglichst keine schwerwiegenden Fehler auftreten und selbst Fehlbedienungen keine gravierenden Auswirkungen haben. Das Fachgebiet Human Factors spielt eine wichtige Rolle bei der Entwicklung medizinischer Geräte und Anwendungen. Aber auch in der Autoindustrie oder bei der Entwicklung von Flugzeug-Cockpits und Führungsständen in Zügen, bei der Flugüberwachung, Anlagesteuerungen usw. werden neue Entwicklungen unter Einbeziehung von Benutzern konzipiert und getestet, bevor sie zum Einsatz kommen. Selbstverständlich spielen menschliche Faktoren nicht nur dann eine Rolle, wenn Leben auf dem Spiel steht. Es gilt auch, finanzielle Schäden zu vermeiden, zum kommerziellen Erfolg von Anwendungen und Produkten beizutragen, die Effizienz technischer Umgebungen zu erhöhen usw.

- *Interaction Design:* Die Entwicklung und Gestaltung interaktiver Systeme hat zum Ziel, die Aufgaben und Anforderungen der Benutzer optimal zu unterstützen. Dialoge werden so umgesetzt, dass sie leicht verständlich sind und effizient zum Ziel führen. Für die verschiedenen Plattformen und Technologien haben sich Interaktionsprinzipien durchgesetzt und zahlreiche Richtlinien stehen zur Verfügung. Für eine optimale Gestaltung der Benutzerschnittstelle ist die Erstellung von Prototypen und deren Evaluation durch die Benutzer dennoch unerlässlich (siehe dazu auch Abschn. 9.4).

- *Usability Engineering:* Die Entwicklung benutzbarer und zweckmäßiger Produkte ist kein Zufall, sondern kann durch die Anwendung der passenden Methoden und Vorgehensweisen planmäßig erfolgen. Das Einbeziehen der späteren Benutzer und eine konsequente Integration in die bestehenden Software- und Produktentwicklungsprozesse sind dabei zentral.

- *User Centered Design (UCD)* oder auch *Human Centered Design*: Hinter diesem Begriff verbirgt sich eine Vielzahl von Gestaltungsprozessen, die den späteren Benutzer ins Zentrum der Entwicklung stellen. Mit der Betonung des *Designs* wird zum Ausdruck gebracht, dass sowohl Interaktions- als auch Gestaltungsaspekte, also etwa die Gestaltung der Dialogabläufe, die Gestaltung der Form physischer Produkte und Bedienelemente, aber auch das grafische Design, wichtige Bestandteile für eine optimale Benutzung darstellen und von Beginn weg berücksichtigt werden müssen. Wir werden im Verlauf dieses Buches noch mehrere Ansätze vorstellen.
- *User Experience (UX):* Hier steht das Gesamterlebnis der Benutzer bei der Verwendung von Produkten, Systemen und Diensten im Fokus. Nebst den funktionalen Aspekten werden dabei vermehrt auch emotionale und ästhetische Faktoren berücksichtigt. So liegt neben geschäftlichen Anwendungen ein Schwerpunkt des Gebietes auf Lösungen und Produkten im Consumer-Bereich, also etwa auf E-Services, Smartphone Apps und digitalen Geräten, aber auch für Spiele und Anwendungen im Unterhaltungsbereich spielen die genannten Faktoren eine entscheidende Rolle für den Produkterfolg. Aufgrund der umfassenderen Betrachtungsweise hat der Begriff *UX* sich in vielfältiger Weise durchgesetzt und löst immer mehr auch die Bezeichnung *Usability* als Qualitätsbegriff ab.
- *Design Thinking:* Bereits in den frühen Innovationsphasen verhilft eine nutzerorientierte Denkweise zu Produktideen, die sich an den Erfordernissen der Zielgruppe orientieren. Nebst der Betrachtungsweise und Ideengenerierung aus der Perspektive der Nutzer führen auch hier die tatsächliche Beobachtung der Aufgaben und Vorgehensweisen der späteren Anwender und das Ausprobieren von neuen Lösungskonzepten in Form von Prototypen zu erfolgreichen Produkten (siehe dazu auch Abschn. 9.1).

Wir werden in den folgenden Kapiteln noch weitere Unterschiede im Schwerpunkt der genannten Disziplinen aufzeigen. Was sie allerdings alle gemeinsam haben ist das Ziel, neue Produkte und Technologien systematisch für die Menschen zu entwickeln und zu verbessern, die diese Produkte oder Dienste täglich nutzen. Und genau darum soll es in diesem Buch gehen.

2.2 Usability – mehr als die Qualität der Benutzeroberfläche?

Ein Produkt kann einfach oder schwierig zu benutzen sein. Es kann kompliziert oder intuitiv sein, verständlich oder unverständlich, effizient oder mühsam. Es unterstützt die Art und Weise wie wir denken und vorgehen – oder nicht. Es gibt viele Definitionen, was Usability ist, und wir wollen an dieser Stelle auch keine weiteren formal korrekten und allgemeingültigen Konzepte postulieren. Für die Einbettung dieses Buches ist eine Begriffsbestimmung indessen notwendig.

Usability wird manchmal im engeren Sinne als Gütekriterium für die Gestaltung einer Benutzeroberfläche verstanden. Qualitätskriterien sind etwa die Anordnung von Bedienelementen, die Anzahl notwendiger Klicks oder die Verständlichkeit der angezeigten Bezeichnungen und Dialoge.

Hinter dem Begriff verbirgt sich jedoch mehr. Die Benutzbarkeit eines Systems muss im Kontext seiner Verwendung beurteilt werden. Software-Anwendungen oder Produkte weisen eine hohe Usability auf, wenn sie von den vorgesehenen Benutzern einfach erlernt und effizient verwendet werden können und diese damit ihre beabsichtigten Ziele und Aufgaben zufriedenstellend ausführen können. Dazu gehören nicht nur ein stimmiges User Interface, sondern auch die passenden Funktionen, um zum Ziel zu gelangen.

Ein gutes Beispiel, um den Unterschied zwischen engerem und weiterem Verständnis von Usability zu verdeutlichen, ist der große Erfolg von Kurznachrichten (SMS) mit dem Aufkommen von Mobiltelefonen. Niemand wird bestreiten, dass die rein numerischen Tastaturen dieser Geräte eigentlich nicht für die Erfassung von Text vorgesehen waren. Viele Benutzer empfanden die Erstellung von Nachrichten damit sogar als ziemlich umständlich. Die Benutzerschnittstelle im engeren Sinne war für sie nicht optimal. Betrachtet man die gesamte Anwendung, bot sie hingegen genau das, was der Benutzer eigentlich wollte: Kurze Nachrichten konnten auf einfache und effiziente Weise übermittelt werden. Das Ziel des Benutzers wurde vom System gut unterstützt. Mit anderen Worten, die Anwendung insgesamt wies eine gute Usability auf. Dieses Beispiel verdeutlicht, dass die Betrachtung der Benutzeroberfläche

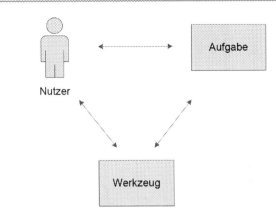

Nutzer

Kontext

Abb. 2.1   Usability steht dafür, wie gut Benutzer ein Werkzeug in ihrem Umfeld zur Bewältigung ihrer Aufgaben einsetzen können

alleine zu kurz greifen würde. Die Benutzbarkeit eines Produktes lässt sich nur im Hinblick auf die Ziele und Aufgaben der Benutzer beurteilen. Abb. 2.1 zeigt die vier prinzipiellen Komponenten eines Mensch-Maschine-Systems.

Eine Definition von Usability in diesem weiteren Sinne wurde in einer ISO-Norm festgelegt. Diese Definition wird oft zitiert, und Sie sollten sie deshalb kennen. Die ISO-Norm 9241-11 definiert *Gebrauchstauglichkeit* als

> das Ausmaß, in dem ein Produkt durch bestimmte Benutzer in einem bestimmten Nutzungskontext genutzt werden kann, um bestimmte Ziele effektiv, effizient und zufriedenstellend zu erreichen [ISO 98] (neue Fassung [ISO 16]).

Aus dieser Definition lässt sich ableiten, dass die verbreitete Ansicht, Usability sei ausschließlich eine Eigenschaft eines Produktes, falsch ist. Um das an einem sehr einfachen Beispiel zu verdeutlichen: Die Usability eines Hammers zum Einschlagen von Nägeln kann gut sein. Doch sie wird ziemlich schlecht ausfallen, wenn Ihre Aufgabe darin besteht, Schrauben einzudrehen. Usability steht dafür, wie gut Benutzer ein

Werkzeug in ihrem Umfeld zur Bewältigung ihrer Aufgaben einsetzen können. Entsprechend muss das zu erstellende Produkt in die Welt der Benutzer eingepasst werden.

2.3 User Experience (UX)

Die weitreichende Definition von *Usability* in ISO 9241-11 betont die komplexen gegenseitigen Abhängigkeiten von Anwendungskontext, Eigenschaften der Benutzer und dem Produkt selbst, das verwendet wird, um die anstehenden Ziele und Aufgaben zu erfüllen. Begriffe wie *Gebrauchstauglichkeit* oder *Usability* implizieren jedoch noch immer eine sehr funktionsbezogene Betrachtungsweise. Während ein solches Verständnis für viele Geschäftsanwendungen angemessen erscheint, mag es für Consumer-Produkte, Smart Apps und viele andere Anwendungen des täglichen Lebens nicht ausreichen. Emotionen, Ästhetik, Witz und weitere Aspekte können den Unterschied zwischen einem Bestseller und einem erfolglosen Produkt ausmachen. Das Konzept der User Experience adressiert diese Bedürfnisse. Der Begriff UX betont die Nutzerperspektive und fordert dazu auf, eine rein funktionale Betrachtungsweise zu verlassen. Es werden vermehrt auch emotionale Faktoren bezüglich Design und Ästhetik einbezogen, die das Vergnügen während der Nutzung („Joy of Use") erhöhen können. Anstelle von pragmatischen Produkten treten großartige Erfahrungen der Nutzer.

Eine Definition von User Experience fand ebenfalls Niederschlag in einer ISO Norm. ISO 9241-210 beschreibt *User Experience* als

> Wahrnehmungen und Reaktionen einer Person, die aus der tatsächlichen und/oder der erwarteten Benutzung eines Produkts, eines Systems oder einer Dienstleistung resultieren [ISO 10].

User Experience umfasst demzufolge auch Effekte, die ein Produkt bereits vor oder nach der Nutzung auf den Nutzer hat. Mit der Betrachtung des gesamten Erlebnisses im Umgang mit Produkten geht die Disziplin weit ins Produkt-Design, in die Gestaltung der Benutzerschnittstelle und die Verbesserung der umliegenden Prozesse. Aufgrund der umfassenderen Betrachtungsweise wird der Begriff *UX* immer öfter auch anstelle der Bezeichnung *Usability* verwendet.

Eine ansprechende Darstellung mit vielen Beispielen bietet das Buch „User Experience Design" [Moser, 12]. Eine weitere empfehlenswerte Lektüre zur Vertiefung ist „The UX Book" [Hartson et al. 12].

Neben der Nutzungsqualität technischer Systeme und Produkte können auch Erlebnisse mit nicht-technischen Systemen optimiert werden, wie beispielsweise Einkaufswelten, Museen, Bibliotheken, Messen und ähnlichen Einrichtungen. In der Betrachtung noch weiter über das zu entwickelnde Produkt hinaus und in die Optimierung der gesamten Kundenerlebniskette an den Kontaktpunkten eines Unternehmens mit dem Kunden geht das Thema *Customer Experience* (siehe dazu Abschn. 9.3).

2.4 Ebenen der Nutzungsqualität

Der vorige Abschnitt verdeutlicht, dass die Optimierung der Benutzeroberfläche für die Erstellung einer für die Benutzer passenden Lösung bei weitem nicht ausreicht. Abb. 2.2 veranschaulicht, dass verschiedene Ebenen berücksichtigt werden müssen, die aufeinander aufbauen:

- Ebene 1 – Ziele, Abläufe und Werte: Eine neue App für die Tischreservation in einem Restaurant prägt den ersten Schritt im Erlebnis des Restaurantbesuchs. Eine neue Software für die Kundenberater einer Bank muss den Geschäftsprozessen des Unternehmens entsprechen. Die Bedienung einer neuen Fotokamera sollte einem Verfahren folgen, wie man hochwertige Bilder schießt. Solche Prozesse gilt es zu analysieren und die Abläufe so zu gestalten, dass das neue Produkt seine Benutzer optimal unterstützt.
- Ebene 2 – Passende Funktionen, Informationshierarchie und User-Interface-Struktur: Mit welchen Funktionen kann ein Produkt die Anwender am besten unterstützen? Welche Informationen sollen bearbeitet werden und in welchen Strukturen und Hierarchien werden diese Funktionen und Informationen angeboten?
- Ebene 3 – Interaktionsdesign, visuelle Gestaltung und Text: Auch die Details der Benutzerschnittstelle sind wesentlich für die Benutzbarkeit und das Nutzungserlebnis. An dieser Stelle kommen Aspekte der Ergonomie und Wahrnehmungspsychologie ins Spiel. Die Interaktion

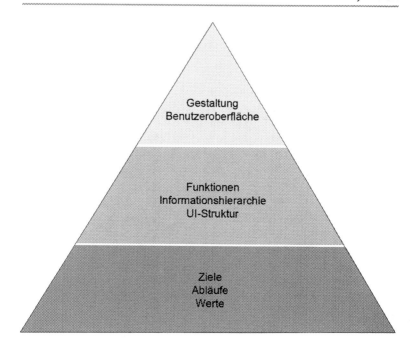

Abb. 2.2 Für die Optimierung der Nutzung müssen nebst der Benutzerschnittstelle weitere Ebenen wie zum Beispiel Ziele und Funktionen des Produkts einbezogen werden

mit dem Produkt soll direkt, einfach und flüssig sein. Die Informationen sind visuell schnell erfassbar und dank guter Wortwahl einfach verständlich. Eine attraktive visuelle Gestaltung trägt zu einer angenehmen Erfahrung während der Nutzung bei.

Einen ähnlichen Ansatz führt [Garrett 10] aus. Garrett benutzt die fünf Ebenen *Strategy, Scope, Structure, Skeleton* und *Surface*. Die Terminologie in Garretts Modell eignet sich jedoch unseres Erachtens besser für die Gestaltung von Webseiten als für die Erstellung interaktiver Anwendungen oder Produkte.

2.5 Funktionalität: Reduktion auf das Wesentliche

Ein nutzerorientiertes Vorgehen umfasst Mittel und Techniken, um bei der Entwicklung neuer Software oder Produkte das angestrebte Nutzungserlebnis zu erreichen. Dies beinhaltet die Fragestellung, wer die genaue Benutzergruppe ist, die Analyse der Tätigkeiten und Arbeitsabläufe, die Festlegung der idealen Funktionen und die Konzeption einer passenden und ansprechenden Benutzerschnittstelle.

Eine wesentliche Aufgabe ist es, unnötige Komplexität zu vermeiden, den Funktionsumfang eines Produktes auf ein für den Benutzer ideales Minimum zu reduzieren und damit die *Funktionalität* des Produktes zu optimieren. Das technische System soll den Anwender in der Ausführung seiner Ziele optimal unterstützen und wird genau dafür konzipiert. Diese Reduktion auf das Wesentliche kommt nicht von selbst und die Entscheidung, welche Funktionen angeboten und welche weggelassen werden, erfordert in der Regel einige Arbeit und Abstimmung. Der Aufwand zahlt sich allerdings spätestens in der Realisierung aus.

Denkanstoß

Stellen Sie sich einen Toaster vor, der gleichzeitig Spiegeleier braten kann. Welche Zielgruppen erreichen Sie mit diesem Produkt:

a.) Toast-Liebhaber,
b.) Spiegeleier-Liebhaber,
c.) Beide Zielgruppen: Sowohl Toast- als auch Spiegeleier-Liebhaber,
d.) Die Schnittmenge: Jene Leute, die bevorzugt Toast zusammen mit Spiegelei zum Frühstück genießen.

Bonusfrage. Wie wird idealerweise die Dauer der Toast-Zeit auf die Dauer der Spiegelei-Bratzeit abgestimmt?

Der obige Denkanstoß soll einen weiteren Aspekt verdeutlichen: Produkte werden häufig mit vielen Features ausgestattet, um möglichst viele Käufer anzusprechen. Mehr Funktionsvielfalt muss aber in der Regel durch eine höhere Komplexität in der Bedienung erkauft werden. Diese zusätzliche Komplexität darf den Nutzen aus Benutzersicht nicht überschreiten, andernfalls akzeptieren die Benutzer das Produkt nicht oder weichen auf Konkurrenzprodukte aus. Die Zielgruppe der potenziellen Benutzer wird damit nicht größer, sondern kleiner. Konsequente Nutzerorientierung zeigt solche Zielkonflikte schon zu Beginn der Produktentwicklung auf. Vergleichen Sie dazu auch die Fallstudie „User Centered Innovation" in Abschn. 7.3.

2.6   Anwendungsgebiete

Usability und UX spielen überall dort eine Rolle, wo Benutzer mit interaktiven technischen Systemen zu tun haben und damit in irgendeiner Form eine Benutzerschnittstelle zum Einsatz kommt. Dies umfasst Software am Arbeitsplatz ebenso wie Produkte, die in der Freizeit verwendet werden. Dazu gehören nicht nur Systeme mit grafischer Benutzeroberfläche (GUI), auch Sprachdialoge oder physische Geräte können bezüglich Nutzen, Benutzbarkeit und Nutzungserlebnis optimiert werden.

Das in diesem Buch beschriebene Vorgehen fokussiert auf die Entwicklung von Software-Anwendungen und interaktiven Produkten. Aufgrund der vielen Freiheitsgrade und der Komplexität, die moderne Software-Entwicklungen beinhalten, sehen wir hier die größte Wirkung für nutzerorientierte Vorgehensweisen. Die vorgestellten Methoden und Prinzipien lassen sich jedoch ohne Weiteres auch für die Gestaltung und Optimierung von reinen Hardware-Produkten, Dienstleistungsangeboten oder Arbeitsprozessen im weiteren Sinne anwenden. Nutzerorientierte Methoden eignen sich zudem hervorragend für die Ideengenerierung in frühen Innovationsphasen oder zur Optimierung des Kundenerlebnisses über alle Kontaktpunkte eines Unternehmens. Mehr dazu finden Sie in Abschn. 9.1 zu „Design Thinking" und Abschn. 9.3 zu „Customer Experience".

2.7   Wenn Mensch und Produkt nicht zueinander passen

Denkanstoß

Sind Sie selbst in die Entwicklung von Software oder Produkten involviert? Falls ja, wie stellen Sie sicher, dass Ihre Produkte den Bedürfnissen der Benutzer genügen?

Der obige Denkanstoß klingt banal. Doch woher wissen Sie, was die Nutzer wirklich benötigen? Haben Sie entsprechende Rückmeldungen oder haben Sie Ihre Produkte mit Benutzern evaluiert? Es ist nicht immer ganz einfach, die Symptome auf die Ursache zurückzuführen. Entsprechend verstärkt man unter Umständen den Marketingaufwand, statt nutzerorientierte Maßnahmen zu ergreifen. Die folgende Liste zeigt einige solche Symptome:

- Die Mitarbeiter arbeiten mit den Systemen nicht so schnell wie erhofft.
- Die Einarbeitung und die Schulung von Benutzern nimmt viel Zeit in Anspruch.
- Die Qualität der geleisteten Arbeit sinkt merklich.
- Die Hotline ist überlastet.
- Mitarbeiter minimieren die Tätigkeit am System. Arbeitsschritte werden auf andere Art und Weise gelöst.
- Prozessvorgaben werden umgangen und Sicherheitsmaßnahmen ignoriert.
- Es gibt immer wieder Fälle, in welchen „Benutzerfehler" oder „menschliches Versagen" die Ursache von Schäden (Unfälle, Datenverluste, kommerzielle Schäden) sind.
- Retouren von unzufriedenen Kunden nehmen zu.
- Kunden vermeiden, auf das nächste Produkt oder die nächste Version zu wechseln.
- Sie verlieren Kunden an die Konkurrenz.

2.8   Ein Blick in die Vergangenheit

Um Usability Engineering und UX als Fachdisziplinen einzuordnen, lohnt sich ein Blick zurück. Ohne Anspruch auf einen vollständigen geschichtlichen Abriss möchten wir hier einige Meilensteine und Personen aufführen, die maßgeblich zur Entstehung und Verbreitung eines menschzentrierten Ansatzes in der technischen Entwicklung beigetragen haben:

- Im 15. Jahrhundert stellt Leonardo da Vinci die Kenntnis des Menschen in den Mittelpunkt für die Entwicklung neuer Technologien. Sein Gedankengut sollte Wissenschaft und Technik nachhaltig beeinflussen.

- In den 40er-Jahren des letzten Jahrhunderts investiert vor allem das amerikanische Militär in die Optimierung der Mensch-Maschine-Schnittstelle komplexer Systeme. **Human Factors**, das Fachgebiet zur Erforschung menschlicher Einflussgrößen bei der Anwendung von Technologien, entsteht.

- 1957 erscheint die erste Ausgabe der Fachzeitschrift *Ergonomics*, welche die internationale Verbreitung der **Ergonomie** als Wissenschaft zur Erforschung der Beziehungen zwischen dem Menschen und seiner Arbeit auslöst.

- 1970 gründet Brian Shackel in England das Forschungsinstitut HUSAT (*Human Sciences and Advanced Technology*). Die Erforschung der Kommunikation zwischen Mensch und Computer (**Human Computer Interaction** oder kurz *HCI*) wird zur anerkannten wissenschaftlichen Disziplin.

- Mitte der 1980er-Jahre erlebt die systematische Untersuchung der Mensch-Computer-Interaktion durch die Disziplin der **Software-Ergonomie** mit der zunehmenden Verbreitung von Rechnern in der Arbeitswelt einen Aufschwung. Insbesondere im deutschen Sprachraum erscheint eine Fülle von Veröffentlichungen, die das Gebiet prägen.

- 1988 veröffentlicht Donald Norman sein heute als Klassiker geltendes Werk *The Psychology of Everyday Things* [Norman 88]. Das Buch verdeutlicht auf eindrucksvolle Weise die Relevanz psychologischer Faktoren bei der Entwicklung von technischen Systemen.

- 1993 erscheint das Buch *Usability Engineering* von Jakob Nielsen [Nielsen 93]. Es beschreibt die Anwendung nutzerorientierter Methoden in einem systematischen Prozess und gilt als Wegbereiter für nutzerzentrierte Vorgehensweisen bei der Entwicklung von Software und Produkten.

- 1996 werden nutzerorientierte Konzepte Teil der internationalen Normenreihe ISO 9241. Der Standard wird bald zu einer verbreiteten Referenz. Nach ihrer Überarbeitung erscheint die Norm im Jahr 2006 unter dem Titel „Ergonomie der Mensch-System-Interaktion" und beschreibt unter anderem eine menschzentrierte Vorgehensweise bei der Entwicklung neuer Systeme [ISO 96-16].

- Im Internet-Boom Ende der 1990er-Jahre setzen viele Unternehmen auf das World Wide Web. Die Nachfrage für die Erstellung benutzerfreundlicher Websites und Anwendungen steigt explosionsartig. **Web Usability** wird zum Schlagwort.

- Im neuen Jahrtausend führt die zunehmende Digitalisierung von Inhalten wie Musik, Foto, Video, die für jedermann erschwinglichen Geräte und Breitband-Verbindungen zu einer weiteren Veränderung. Der Computer wird zum Arbeits-, Kommunikations- und Unterhaltungsmittel und damit zum Alltagsgegenstand. Web 2.0 und **Social-Media-Plattformen** führen zu mehr und schnellerem Austausch. Neue Technologien mit revolutionären Konzepten für die Mensch-Computer-Interaktion werden alltagstauglich und durchdringen den Markt. Usability und UX werden zum neuen Differenzierungsfaktor für Unternehmen und ihre Produkte.

- 2007 präsentiert Apple das *iPhone*. Das Gerät verfügt über bahnbrechende, intuitive Interaktionsmöglichkeiten und setzt einen neuen Standard für die Benutzbarkeit und das Nutzererlebnis mobiler Produkte und Anwendungen. Die damit verbundene Möglichkeit der Installation kleinerer Anwendungen (**Apps**) auf mobilen Geräten wird breiten Bevölkerungskreisen geläufig. Durch die Einfachheit der Benutzung läutet das iPhone eine neue Ära der Informationstechnologie ein.

- Fortan verändern Smartphones, Tablet PCs, intelligente Uhren und andere mobile Begleiter unseren Alltag. Vielfältige neue Technologien, ständige Konnektivität und zahlreiche Sensoren in mobilen Geräten versprechen zusätzliche neuartige Interaktionsmöglichkeiten und Anwendungen. Die **Mobile User Experience** dieser Produkte und Anwendungen wird zu einem zunehmend wichtigen Thema (siehe dazu auch Abschn. 9.7).

Nutzerorientierung im Entwicklungsprozess

3

> Wir haben uns verirrt, kommen aber gut voran.
> (Tom deMarco)

Ein nutzerorientiertes Vorgehen zu beschreiben, das auf all die verschiedenen Situationen passt, die Sie antreffen werden, ist unserer Ansicht nach nicht möglich. Sie werden auch kein „Kochbuch" für die Anwendung von Methoden zu lesen bekommen. Die folgenden Kapitel sollen vielmehr eine Hilfestellung geben, wie ein nutzerorientiertes Vorgehen in der Praxis der Software- und Produktentwicklung betrieben werden kann, wie die wichtigsten Methoden grundsätzlich ablaufen, wie sie eingeplant werden können und worauf Sie achten sollten.

Dieses Kapitel gibt eine Übersicht über den Zusammenhang der verschiedenen nutzerorientierten Methoden und deren Integration in gängige Software-Entwicklungsprozesse. Im nächsten Kapitel werden die einzelnen Methoden näher beschrieben.

3.1 Software Engineering: Die vergessenen Benutzer?

Nutzerorientierte Aktivitäten haben mittlerweile in den meisten neueren Prozessbeschreibungen für die Entwicklung von Software-Lösungen einen bedeutenden Stellenwert.

© Springer-Verlag Berlin Heidelberg 2016, M. Richter, M. D. Flückiger,
Usability und UX kompakt, IT kompakt, DOI 10.1007/978-3-662-49828-6_3

Tab. 3.1 Die sechs primären Software-Engineering-Disziplinen im Unified Process (Quelle: IBM Rational Unified Process®). Die meisten nutzerzentrierten Aktivitäten befinden sich in den Disziplinen Geschäftsprozessmodellierung und Anforderungsanalyse. Eine gute Übersicht bietet [Kroll et al. 03]

Disziplin	Zweck
Geschäftsprozessmodellierung (Business Modeling)	Verständnis der Struktur, der Abläufe, der bestehenden Probleme und des Verbesserungspotenzials der Zielorganisation. Sicherstellen, dass Kunden, Benutzer und Entwickler ein gemeinsames Verständnis der Zielorganisation haben
Anforderungsanalyse (Requirements)	Erarbeitung und Erhaltung einer Übereinkunft der Stakeholder darüber, was das System tun soll. Den Entwicklern ein besseres Verständnis der Anforderungen vermitteln. Definition der Systemgrenzen. Definition einer Benutzerschnittstelle mit Fokus auf die Bedürfnisse und Ziele der Benutzer
Analyse und Entwurf (Analysis & Design)	Überführung der Anforderungen in ein Design des Zielsystems und Entwicklung einer robusten Architektur
Implementierung (Implementation)	Organisation des Quellcodes, Implementierung der Klassen und Objekte, Testen der entwickelten Komponenten und Integration der Resultate in ein ausführbares System
Test	Validieren, dass das Softwareprodukt so funktioniert wie es definiert wurde und dass die Anforderungen wie spezifiziert implementiert wurden
Auslieferung (Deployment)	Sicherstellen, dass das Softwareprodukt für die Endbenutzer verfügbar ist

Schon der *Unified Process*, ein etablierter Software-Entwicklungsprozess, definierte beispielsweise **Requirements** als eine von sechs primären Disziplinen im Software Engineering (siehe Tab. 3.1).

Die Disziplin *Requirements* umfasst jene Aktivitäten, bei denen es um das Erfassen, Dokumentieren und Verwalten von Anforderungen der verschiedenen Interessengruppen geht (siehe unter „Hintergrund: Requirements Engineering"). Als eine der wichtigsten Interessengruppen sollten die Benutzer, deren Bedürfnisse und die daraus abgeleiteten Anforderungen eine zentrale Rolle spielen! Die Anwendung nutzerorientierter Methoden im *Requirements Engineering* hat sich in der Praxis denn auch als äußerst erfolgreich erwiesen. Erstens werden die Bedürfnisse und Anforderungen der Benutzer systematisch in die Analyse einbezogen und zweitens kann sichergestellt werden, dass diese Anforderungen auch ihren Weg in die Realisierung finden. Das Ergebnis ist eine Lösung, die sich an ihrem tatsächlichen Verwendungszweck ausrichtet.

Hintergrund: Requirements Engineering

Requirements Engineering befasst sich damit, die Bedürfnisse der Benutzer, Auftraggeber und weiterer Interessengruppen (Stakeholder) hinreichend aufzuarbeiten, zu verwalten und zu kommunizieren, damit das Projektteam eine passende Lösung erstellen kann. Wesentlich für den Projekterfolg ist eine von allen Interessengruppen vereinbarte und getragene Zielvorstellung. Aufbauend darauf erarbeitet das Team die Rahmenbedingungen und Qualitätsanforderungen sowie die vorgesehenen Funktionen und das Verhalten der neuen Lösung. Eine gute Übersicht über die Thematik bietet das Buch „Systematisches Requirements Engineering" [Ebert 14].

Ein erfolgreiches Konzept in der Software-Entwicklung ist eine **iterative Vorgehensweise**. Eine *Iteration* umfasst einen kurzen, vollständigen Entwicklungszyklus für einen Teil der Lösung, in dem die Disziplinen von Analyse bis Evaluation durchlaufen werden. Aufgrund jeder Iteration, in der jeweils Aspekte der neuen Lösung analysiert und umgesetzt werden, lernt das Team dazu, erhält Feedback und kann die Anforderungen verfeinern. Im Sinne einer nutzerorientierten Vorgehensweise muss das Entwicklungsteam in den Iterationen nicht zwingend Teile der Lösung implementieren. Überprüfbare Resultate können zum Beispiel auch Personas, Szenarien, Storyboards oder Prototypen sein, welche die Begutachtung der in der Iteration erarbeiteten Konzepte erlauben.

Agile Vorgehensweisen bauen auf intensiver Kommunikation und engen Feedbackzyklen zwischen allen an der Software-Entwicklung Beteiligten auf (siehe auch „Hintergrund: Agile Software-Entwicklung"). Kurze Iterationen, in welchen bereits früh ein ausführbares Teilprodukt erstellt wird, ermöglichen schnelles Feedback. Eines der in letzter Zeit erfolgreichsten agilen Entwicklungsmodelle ist *Scrum* (siehe Abb. 3.1).

Die Entwicklung mit Scrum erfolgt in kurzen Iterationen („Sprints"). Sie setzt eine stabile Vision, eine tragfähige, gemeinsame Zielvorstellung der neuen Lösung, voraus. Zu den vorgelagerten Phasen für die Visionserstellung trifft Scrum keine Aussagen. Für die Entwicklung einer für die Benutzer passenden Lösung sollten allerdings bereits auf Visionsebene

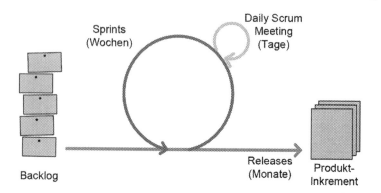

Abb. 3.1 In Scrum überführt das agile Team in kurzen Iterationen („Sprints") jeweils die am höchsten priorisierten Einträge im Backlog (die zu erledigende Arbeit) in Produkt-Inkremente. Jede Iteration ist ein Feedbackzyklus. Eine kompakte Übersicht zu Scrum finden Sie im „Scrum Guide". [Schwaber et al. 91-14]

einige zentrale Aspekte adressiert werden, z. B. mögliche Nutzergruppen und deren Ziele, Eigenschaften, Aufgaben und Bedürfnisse, der vorgesehene Anwendungskontext usw.

Hintergrund: Agile Software-Entwicklung

In agilen Vorgehensweisen wird die Entwicklung einer Software in kurze – im Allgemeinen zwei bis vier-wöchige – Abschnitte aufgebrochen. Diese Zyklen werden Iterationen genannt. Das Ergebnis jeder solchen Iteration ist ein realisiertes, getestetes und mit Kunden geprüftes Teilprodukt. Dieses kann – soweit es die zu diesem Zeitpunkt umgesetzten Funktionen erlauben – potenziell verwendet werden.

Eine Iteration soll dabei insbesondere ein Lernprozess sein. Dazu legt das Team zusammen mit Kunden fest, was genau entwickelt werden soll, realisiert und prüft die vereinbarte Software, reflektiert anschließend die Ergebnisse und das Vorgehen und leitet Verbesserungsmaßnahmen ein. So lernt ein agiles Team mehr über das zu entwickelnde Produkt, die eingesetzten Technologien und die Zusammenarbeit. Agile Teams streben aus diesem Grund danach, die Spezifikation so zeitnah wie möglich mit der eigentlichen Entwicklung vorzunehmen und zwar im direkten Gespräch mit Kunden anstatt über Dokumente. So entsteht die Spezifikation aus dem entwickelten Teilprodukt, dem besseren Problemverständnis und der optimierten Zusammenarbeit. Ein Team beurteilt immer wieder neu, wie mit den verbleibenden Ressourcen das bestmögliche Produkt realisiert werden kann.

Agile Prinzipien wurden im *Manifest für agile Software-Entwicklung* [Beck et al. 01] festgehalten:

- Die Kommunikation zwischen allen Beteiligten – inklusive der späteren Benutzer – wird über die Definition von Prozessen und Werkzeugen gestellt.
- Funktionierende Software wird als wichtiger erachtet als umfassende Dokumentation.
- Die Zusammenarbeit mit dem Kunden spielt eine wichtigere Rolle als Vertragsverhandlungen.
- Die Reaktion auf Veränderungen steht über der Befolgung eines Plans.

Agile Vorgehensweisen verfolgen eine Philosophie, die sich stark an den menschlichen Denkprozessen und der Zusammenarbeit im Team orientiert und versprechen damit eine höhere Produktivität bei der Softwareentwicklung. Mehr zu dieser Thematik finden Sie im Buch „Software entwickeln mit Verstand" [Dirbach et al. 11].

Ein agiles und nutzerorientiertes Entwicklungs-Modell, das diese Fragen adressiert, wurde vom Digitaldienst der britischen Regierung (*Government Digital Service*) für die Entwicklung digitaler Anwendungen im *Government Service Design Manual* festgehalten [GDS 16] (siehe Tab. 3.2). Das Manual stellt einen aus unserer Sicht hilfreichen Rahmen für die agile Entwicklung von Lösungen dar, bei welchen Usability und UX eine wichtige Rolle spielen. Es richtet die Entwicklungstätigkeiten konsequent an den Bedürfnissen der Nutzer aus und integriert nutzerzentrierte Tätigkeiten fest in das Vorgehen.

Das beschriebene Vorgehen zeichnet sich durch einige Punkte besonders aus:

- Feedback: Das Team wird aufgefordert, verschiedene Lösungen und Varianten mit Benutzern auszuprobieren, den digitalen Dienst in einer minimalen Version in Betrieb zu nehmen und mit den daraus gewonnenen Erkenntnissen weiter zu entwickeln. Eine solche Vorgehensweise passt hervorragend zu den in Kap. 1 beschriebenen Herausforderungen.
- Zusammenführen von Designprozessen und agiler Software-Entwicklung: Im kreativen Freiraum der Alpha-Phase kann das Team die Gestaltung des digitalen Dienstes erkunden und mit Benutzern prüfen.

Tab. 3.2 Das *Government Service Design Manual* des Digitaldiensts der britischen Regierung [GDS 16] teilt den Lebenszyklus eines digitalen Dienstes in fünf Abschnitte auf und stellt in jedem Abschnitt die Bedürfnisse der Benutzer ins Zentrum

Phase	Ziele
Discovery	In der kurzen Discovery-Phase soll das agile Team die Bedürfnisse der Benutzer verstehen, den technologischen und regulatorischen Rahmen abstecken und Leistungskennzahlen (KPIs) bezüglich Nutzungsqualität für den digitalen Dienst identifizieren
Alpha	In der ebenfalls kurzen Alpha-Phase erkundet das Team Lösungen und Varianten und prüft diese mit einer kleinen Gruppe von Benutzern und anderen Stakeholdern
Beta	In der Beta Phase findet der Hauptteil der Entwicklung statt. Dabei soll das Team den Kern der Anwendung in einer ersten Version für ausgewählte Benutzer in Betrieb nehmen und weiter ausbauen, bis der digitale Dienst für die Öffentlichkeit freigeschaltet werden kann. Durch Messung der KPIs kann die Reife und Qualität des Dienstes aus Nutzersicht festgestellt werden
Life	Dies ist typischerweise die längste Phase im Lebenszyklus eines digitalen Dienstes. Hier wird die Anwendung erweitert, erneuert und den sich verändernden Umständen angepasst. Die KPIs helfen auch hier, die Qualität des Dienstes langfristig auf dem gewünschten Niveau zu halten
Retirement	Auch wenn der Dienst außer Betrieb genommen wird, stehen die Benutzerbedürfnisse im Zentrum. Wie werden die Ziele der Benutzer ohne den Dienst erfüllt? Und wie erfahren die Benutzer davon?

- KPIs: Die Qualität des digitalen Dienstes ist zwingend aus Benutzersicht zu prüfen und gegebenenfalls sind Maßnahmen einzuleiten. So kann langfristig eine hohe Qualität für die Benutzer sichergestellt werden.

Moderne Software-Entwicklungsansätze bieten somit eine vielversprechende Ausgangslage für nutzerorientierte Aktivitäten:

- Die Bedürfnisse der Benutzer werden im Rahmen der Anforderungsanalyse erhoben und ins Zentrum der Entwicklung gestellt.
- Die Anforderungen werden aus Benutzersicht beschrieben und anhand der Benutzerbedürfnisse umgesetzt.

- Eine iterative Vorgehensweise erlaubt die ständige Überprüfung und Verfeinerung von Ergebnissen mit Kunden und Benutzern.
- Agile Prinzipien betonen leichtgewichtige Techniken und frühes Feedback aus der echten Benutzung.
- Einige Best Practices aus dem Usability Engineering, wie User Interface Storyboards zur Darstellung von Dialogabläufen, Personas zur Charakterisierung der Benutzer und die Erstellung von Prototypen zur Verfeinerung der Anforderungen werden in vielen Vorgehensbeschreibungen explizit erwähnt.

Es wäre somit zu erwarten, dass in Software-Projekten generell und in der Entwicklung von Benutzerschnittstellen im Speziellen ein systematisches Einbeziehen der Benutzer stattfinden müsste. Ist das Problem damit gelöst?

Die Praxis spricht eine andere Sprache. In vielen Projekten wird das User Interface von Entwicklern erstellt und von Designern mit schicken Animationen und Bildwelten verziert. Der Funktionsumfang wird von internen Abteilungen wie Marketing oder Produktmanagement definiert, anstatt die tatsächlich erwünschten Funktionen mit Kunden zu erarbeiten. Nutzungsanforderungen werden in Meetings und Workshops erfunden, anstatt sie bei den Benutzern vor Ort zu erheben. Produkte werden auf den Markt gebracht ohne jemals einen Feedbackzyklus mit Benutzern durchlaufen zu haben. Die späteren Benutzer werden noch immer nur selten einbezogen.

Ein Grund dafür mag in Folgendem liegen: Obwohl die Berücksichtigung der Benutzeranforderungen in aktuellen Software-Engineering-Vorgehensmodellen als wichtig erachtet wird, betrachten viele Projekte das tatsächliche Einbeziehen von Benutzern als optional oder als zusätzlichen Aufwand und gehen ohne entsprechende Aktivitäten vor.

3.2 Nutzerorientierte Modelle

Seit gut zwanzig Jahren existieren durchgängig nutzerorientierte Vorgehensbeschreibungen in der Usability- und UX-Literatur. An dieser Stelle sei auf folgende hervorragende Werke einiger namhafter Vertreter des Fachgebiets verwiesen:

- *The Usability Engineering Lifecycle* von Deborah Mayhew [Mayhew 99] beschreibt den Zusammenhang nutzerorientierter Methoden über den gesamten Lebenszyklus bei der Entwicklung einer neuen Lösung. Mayhew illustriert, wie aus Benutzerbedürfnissen konkrete Usability-Ziele abgeleitet und in User Interface Entwürfe umgesetzt werden, die wiederum mit Benutzern geprüft werden.
- *Contextual Design* von Hugh Beyer und Karen Holtzblatt [Beyer et al. 98] ist ein nutzerzentrierter Design-Prozess. Er vertieft die Analyse der Benutzer und deren Umfeld und zeigt auf, wie die gewonnenen Informationen in die Entwicklung einfließen. Aus diesem Vorgehen stammt die Methode „Contextual Inquiry" (vergleiche Abschn. 4.1).
- *Goal Directed Design* von Alan Cooper [Cooper et al. 10] beschreibt eine Vorgehensweise, um Benutzeranforderungen zu modellieren und in ein passendes Interaktionsdesign umzusetzen. Coopers Ansatz orientiert sich bei der Gestaltung neuer Lösungen an den überliegenden Zielen der Benutzer. Um die relevanten Eigenschaften und Bedürfnisse der Benutzer darzustellen, hat Cooper die Verwendung prototypischer Benutzer *(Personas)* eingeführt (siehe Abschn. 4.2).

Ein Prozessmodell für die *Gestaltung gebrauchstauglicher interaktiver Systeme* wurde in einer ISO-Norm verankert. Die folgenden Grundsätze sind in der ISO-Norm 9241-210 [ISO 10] von zentraler Bedeutung:

- die Gestaltung beruht auf einem umfassenden Verständnis der Benutzer, Arbeitsaufgaben und Arbeitsumgebungen,
- die Benutzer sind während der Gestaltung und Entwicklung einbezogen,
- das Verfeinern und Anpassen von Gestaltungslösungen wird fortlaufend auf der Basis benutzerzentrierter Evaluierung vorangetrieben,
- der Prozess ist iterativ,
- bei der Gestaltung wird die gesamte User Experience berücksichtigt,
- im Gestaltungsteam sind fachübergreifende Kenntnisse und Perspektiven vertreten.

In Abb. 3.2 sind die wichtigsten Prozessschritte dargestellt. Im nächsten Abschnitt werden wir die Schritte anhand eines Beispiels aufzeigen.

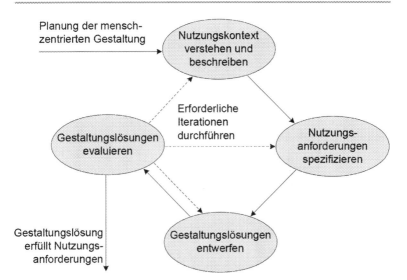

Abb. 3.2 Die ISO-Norm 9241-210 definiert die Schritte, die für eine mensch-zentrierte Gestaltung interaktiver Systeme eingehalten werden müssen. Ein neuer Lösungsvorschlag erfüllt die Anforderungen erst dann, wenn er erfolgreich mit Benutzern evaluiert wurde

Eines ist indessen nicht von der Hand zu weisen: Eine Integration nutzerorientierter Vorgehensbeschreibungen in gängige Software-Entwicklungsprozesse fehlt weitgehend. Diese Abgrenzung mag dazu beitragen, dass das Einbeziehen von Benutzern von vielen Auftraggebern und Projektbeteiligten als zeit- und kostenintensiver Zusatz zum bestehenden Vorgehen betrachtet wird.

Wenn Sie nun aber ein Projekt nach einem bestehenden Vorgehensmodell oder einem gegebenen Entwicklungsprozess abwickeln müssen, weil Ihr Unternehmen dies vorschreibt oder weil Sie darin ganz einfach viele nützliche Hilfsmittel finden, wie können Sie nutzerorientierte Methoden integrieren? Sollen Sie nun Geschäftsprozessmodellierung oder Benutzerbeobachtungen in Auftrag geben, um die notwendigen Arbeitsschritte zu analysieren? Verwenden Sie besser Szenarien, User Stories oder Use Cases für Ihre Spezifikation? Wann und wie testen Sie Ihre neue Lösung

am besten mit Benutzern – und mit wie vielen? Dieses Buch soll Sie bei
solchen und ähnlichen Fragen unterstützen.

3.3 Methoden im Zusammenhang: ein Beispiel

Die Erfahrung aus einer Vielzahl von Projekten hat uns gezeigt, dass sich
nutzerorientierte Tätigkeiten nahtlos in gängige Software- und Produkt-
Entwicklungsprozesse integrieren lassen und sich dadurch viele Vorteile
bieten. Eine solche integrierte Sicht bedingt, dass Vorgehensbeschreibungen nicht einfach unreflektiert angewendet werden, sondern dass die
zugrunde liegenden Prinzipien beider Welten verstanden und berücksichtigt werden.

Die folgenden Abschnitte zeigen im Überblick, wie ein nutzeroori-
entiertes Vorgehen für die Entwicklung eines neuen Produkts aussehen
könnte. Die Details der einzelnen Methoden werden im nächsten Kapitel
beschrieben.

Als durchgängiges Beispiel soll uns die Entwicklung einer mobilen
Lösung für die Hardware-Beschaffung in einem Unternehmen dienen.
In unserem stark vereinfachten Beispiel entschied eine Führungskraft,
dass der Ersatz defekter Hardware zu umständlich und langwierig sei.
Das Projektteam wird beauftragt, dies mit Einführung einer papierlosen
Lösung im ganzen Unternehmen zu ändern.

Nutzungskontext – Verstehen, was die Benutzer bewegt

Am Anfang eines neuen Projekts steht ein Team oft vor der Herausforderung, eine neue Lösung zu planen, von der es noch nicht wissen kann,
wofür sie im Detail eingesetzt wird, was genau sie bieten soll und wer
die Benutzer sein werden.

Die Erarbeitung der Anforderungen der verschiedenen Interessengruppen ist eine zentrale Aufgabe im **Requirements Engineering**.
Die Analysetätigkeiten umfassen beispielsweise Interviews und Ge-
spräche mit verschiedenen Stakeholdern, moderierte Workshops sowie
die Analyse von Altsystemen und Dokumentationen. Nutzerorientierte

Methoden dienen zur Erarbeitung der Anforderungen aus Benutzersicht und ergänzen damit die Techniken im Requirements Engineering. Schon wenige qualitative Interviews mit Benutzern bringen die konkreten Bedürfnisse und Schwierigkeiten sowie deren Hintergründe und Zusammenhänge ans Licht. Um bestimmte Aspekte mit einem größeren Benutzerkreis abzuklären oder Aussagen gezielt zu erhärten, können Benutzerbefragungen hilfreich sein (vergleiche Abschn. 4.8).

In der **Geschäftsprozessanalyse bzw. -modellierung** (*Business Analysis, Business Modeling*) werden die Prozesse des Unternehmens analysiert, in welche die neue Lösung eingebettet werden soll. Dabei muss auch der Tatsache Rechnung getragen werden, dass sich diese Prozesse in der Regel durch die Einführung der Lösung verändern. Abb. 3.3 illustriert einen Ausschnitt aus einem solchen Geschäftsprozess.

Die Geschäftsprozesse definieren wesentliche Rahmenbedingungen für die neue Lösung, zum Beispiel, welche Stellen und Prozesse im Un-

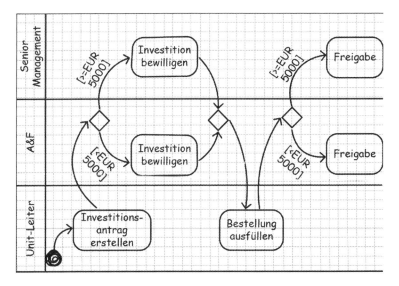

Abb. 3.3 Modell eines Geschäftsprozesses am Beispiel einer Hardware-Beschaffung: offizielle Abläufe, Informationsflüsse und Verantwortungen

Abb. 3.4 Frank erklärt, wie er einen neuen Laptop bei der IT-Abteilung bestellt. In einer Contextual Inquiry werden die Benutzer in ihrem Umfeld beobachtet und befragt. Bestehende Lösungen und Benutzerbedürfnisse werden analysiert

ternehmen betroffen sind, welche Aufgaben und Tätigkeiten von diesen Stellen ausgeführt werden und wie der offizielle Informationsfluss und die Zusammenarbeit zwischen den verschiedenen Stellen stattfinden. Dabei gilt es, sowohl die bestehenden Prozesse (Ist-Situation) als auch die Welt von morgen (Soll-Prozesse mit der neuen Lösung) zu analysieren. Basierend auf diesen Informationen lässt sich aus Geschäftssicht definieren, für welche Aufgaben das neue System eingesetzt werden soll.

Prozesse werden von Menschen ausgeführt, und Menschen halten sich selten genau an Prozesse. Neben den formellen Abläufen ist deshalb ein fundiertes Verständnis der Benutzer und der tatsächlichen Anwendung bestehender Lösungen im Geschäftsalltag eine notwendige Voraussetzung. Das Einbeziehen der Benutzer komplettiert die formellen Prozesse mit den konkreten Details der täglichen Arbeit und füllt die abstrakten Unternehmens-Rollen mit den Eigenschaften und Möglichkeiten der Menschen dahinter.

Contextual Inquiry (siehe Abschn. 4.1) soll in diesem Buch als stellvertretendes Beispiel für weitere Techniken stehen, die von Beobachtungen über qualitative Interviews und moderierte Gesprächsgruppen (*Fokusgruppen*) bis zu strukturierten Aufgabenanalysen reichen. Das Ziel dieser Methoden ist es, die Bedürfnisse der Benutzer, den Anwendungskontext sowie die Hintergründe zu verstehen. In Beobachtungen und Befragungen der Benutzer vor Ort werden die konkreten Aufgaben, Abläufe und Verhaltensmuster sowie die Umgebung der Anwendung analysiert, ausgewertet und dokumentiert (vergleiche Abb. 3.4). Die Resultate kann das Team zum Beispiel in Form von grafischen Modellen oder natürlichsprachlichen Beschreibungen festhalten. Abb. 3.5 zeigt das Ergebnis einer solchen Untersuchung vor Ort zum Beschaffungsprozess aus Abb. 3.3.

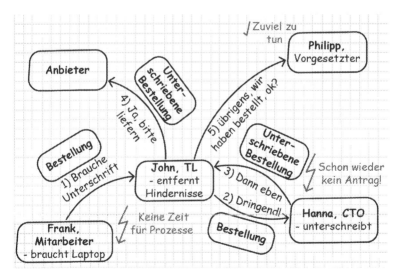

Abb. 3.5 Darstellung als Informationsflussmodell (Flow Model) der im Kontext untersuchten Abläufe

Nutzungsanforderungen meistern – und festhalten

Die Erkenntnisse aus der Analyse von Benutzern und Kontext im Hinblick auf die geplante neue Lösung werden in Personas und Szenarien umgesetzt (siehe Abschn. 4.2). **Personas** stellen prototypische Benutzerprofile dar, während **Szenarien** die Anwendung der geplanten neuen Lösung aus Benutzersicht beschreiben. Personas und Szenarien bringen die im Contextual Inquiry erarbeiteten Bedürfnisse der Benutzer auf den Punkt und dienen als Grundlage für die Entwicklung. Abb. 3.6 zeigt ein solches Anwendungsszenario in unserem Beispiel.

Personas und Szenarien liefern eine gute Basis für die Spezifikation der funktionalen Anforderungen in Form von **Use Cases** oder **User Stories** (siehe Abschn. 4.5). Dabei erarbeitet das Team zuerst eine Übersicht über den Funktionsumfang der neuen Lösung und detailliert in weiteren Schritten das Verhalten des Systems gemäß den Qualitätsanforderun-

---

Szenario 1: Einen neuen Laptop bestellen

Hans arbeitet in der Schadensabteilung einer Versicherung. An einem regnerischen Dienstagmorgen, gerade als er einen Anruf beantworten will, friert sein Laptop ein. Der hilfreiche Helpdesk kann rasch mit einem temporären Ersatzgerät aushelfen. Am Abend, kurz vor dem Nachhausegehen, will Hans nun einen neuen Laptop bestellen.

- Hans öffnet die Bestell-App auf seinem Tablet.
- Hans kann zwischen drei Modellen auswählen und wählt das mit dem grössten Bildschirm.
- Hans füllt das Bestellformular in der App aus. Einige Felder (sein Name, Kostenstelle und Kosten) sind bereits ausgefüllt.
- Hans markiert die Bestellung als dringend und gibt als Begründung «alter Laptop kaputt» an.
- In der Verteilerliste ist Hans' Chef Philipp bereits eingetragen.
- Philipp erhält ein als dringend markiertes E-Mail und kann den Kauf freigeben.
- Gleichzeitig erhält auch der Helpdesk ein Ticket und kann den Laptop beschaffen.

Abb. 3.6 Ein Anwendungsszenario beschreibt die geplante neue Lösung aus der Perspektive eines Benutzers

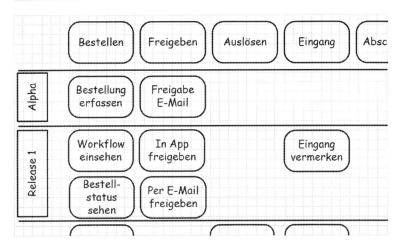

Abb. 3.7 Eine *User Story Map* (siehe auch Abschn. 4.5) verschafft einen Überblick über die vorgesehenen Funktionen der neuen Lösung und deren Zusammenhang

gen und Rahmenbedingungen. Als Modellierungselemente dienen bei der Use-Case-Modellierung **Akteure** (*Actors*), die in **Anwendungsfällen** (*Use Cases*) mit dem System interagieren. In agilen Projekten haben sich **User Story Maps** (siehe Abb. 3.7) und User Stories zur Spezifikation bewährt.

Mit **Storyboards** (siehe Abschn. 4.3) hat ein Projektteam die Möglichkeit, Produktideen anschaulich darzustellen. Storyboards zeigen, wie Benutzer künftig mit der neuen Lösung umgehen werden, soweit das Team dies bereits voraussagen kann. Anhand der Storyboards können Benutzer und Auftraggeber bereits eine erste Beurteilung der Idee vornehmen und die Punkte herausgreifen, die einen besonders hohen Wert darstellen.

Ein *Glossar* ist ein weiteres einfaches, aber wichtiges Hilfsmittel, um Begriffe zu definieren und ein gemeinsames Verständnis im Projekt zu erreichen.

Die Identifikation der Objekte und Daten, die im System repräsentiert werden sollen, ist eine wichtige Voraussetzung für die Erstellung der Benutzerschnittstelle. Diese Konzepte und Zusammenhänge können in einem *Domänenmodell* abgebildet werden. Ein Domänenmodell zeigt die im User Interface darzustellenden Informationen, die notwendigen Eingaben und den Zusammenhang dieser Daten. UI-Skizzen sind wiederum hilfreich, um die Inhalte eines Domänenmodells mit Benutzern und anderen Ansprechpartnern zu diskutieren. So lässt sich validieren, ob alle erforderlichen Informationen für die Anwendung identifiziert wurden. Abb. 3.8 zeigt eine erste Version eines solchen Domänenmodells sowie des entsprechenden GUIs in unserem Beispiel.

In sehr formellen Projekten legen Auftraggeber und Hersteller mit der **Anforderungsspezifikation** den fachlichen Inhalt für die Vertragserfüllung fest. Nebst den funktionalen Anforderungen werden auch Qualitätsanforderungen und Rahmenbedingungen aufgenommen (siehe Abschn. 4.5 „Hintergrund: Funktionale und nicht-funktionale Anforderungen"). Die Anforderungen an die neue Lösung werden üblicherweise in strukturierten Dokumenten oder auch in speziellen Werkzeugen festgehalten. Ausgewählte Ergebnisse aus den nutzerorientierten Aktivitäten dienen ebenfalls der Spezifikation. So können Szenarien, Storyboards oder Prototypen Teil der Anforderungsspezifikation sein und wesentlich zur Verständlichkeit, Vollständigkeit und zur Präzisierung der Anforderungen für die Realisierung beitragen. Die Spezifikation kann schließlich aus einem Konglomerat formaler Anforderungsnotationen und natürlichsprachlicher Beschreibungen bestehen, wie einem Use-Case-Modell, Use-Case-Spezifikationen oder User Stories, Ablaufdiagrammen, dem Domänenmodell, weiter ausführenden Anforderungsbeschreibungen, nicht-funktionalen Anforderungen und zusätzlichen Ergebnissen wie Storyboards und Prototypen.

Agil geführte Projekte betonen die direkte Kommunikation. Eine neue Lösung soll sich der aktuellen Situation und dem gegenwärtigen Wissensstand anpassen. Entsprechend wird die Spezifikation zeitnah zur Entwicklung erarbeitet und kann informeller ausfallen. Die anschaulichen Techniken zur Darstellung von Nutzungsanforderungen wie Storyboards, Prototypen und Szenarien sind hier besonders einfach einsetzbar und ergänzen die User Stories (vergleiche Abschn. 4.5 „User Stories").

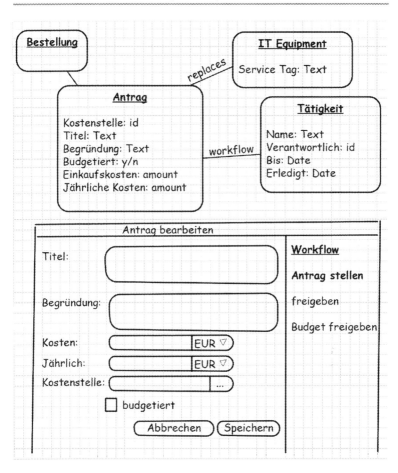

Abb. 3.8 Ausschnitt eines Domänenmodells und entsprechendes GUI. Modell und UI-Skizze befruchten sich gegenseitig und dienen als wertvolle Basis für die Erstellung der Benutzerschnittstelle

Passende Lösungsvorschläge erstellen

Selbst bei kleineren Anwendungen ist es unmöglich, auf Anhieb eine neue Lösung zu entwerfen, die allen Anforderungen genügt. Es ist notwendig, das vorgesehene System aus verschiedenen Sichten zu modellieren und Schritt für Schritt zu präzisieren. In mehreren Zyklen werden Entwürfe erstellt und Feedback eingeholt. Das Team modelliert beispielsweise die Einbettung in die Geschäftsprozesse, die Arbeitsweise der Benutzer mit dem neuen System sowie die Funktionen und das Verhalten des Systems.

Um das Verhalten des Systems weiter zu verfeinern und die Ablaufschritte aus Benutzersicht in Aktion darzustellen, werden im **UX Prototyping** (siehe Abschn. 4.4) erste Dialogschritte mit möglichst einfachen Mitteln umgesetzt und von ausgewählten Benutzern und weiteren Stakeholdern geprüft. *Wireframes* vermitteln den Beteiligten einen Eindruck der Anwendung und dienen als einfach verständliche und gemeinsame Sprache zwischen Benutzern, Auftraggebern und Entwicklern. Die in Anwendungsfällen oder User Stories textuell formulierten oder mit grafischen Modellen verfeinerten Anforderungen werden dadurch greifbar und vorstellbar. Bisher unentdeckte Anforderungen kommen zum Vorschein. Ein Ergebnis ist das User-Interface-Konzept (siehe Abschn. 4.4 „Die Benutzerschnittstelle konzipieren"), das die Eckpunkte für das zu erstellende User Interface festlegt. Abb. 3.9 zeigt einen GUI-Prototyp in unserem Beispiel nach einigen weiteren Iterationen.

Für die Realisierung der Lösung muss die Spezifikation in ein technisches Design umgesetzt, eine Software-Architektur entworfen und implementiert werden. Vorgehensmodelle in der Software- oder Produktentwicklung setzen oft hier ihren Schwerpunkt.

In der Realisierung unterstützen **Guidelines** und **Styleguides** die Entwicklung und helfen, ein konsistentes und regelkonformes User Interface Design zu erreichen (siehe Abschn. 4.6). UX-Prototypen bilden eine wertvolle Grundlage für die Entwicklung (siehe auch Abschn. 4.4).

Moderne Software-Entwicklungsprozesse und agile Vorgehensweisen unterstützen einen iterativen Prozess, bestehend aus der Erstellung von Lösungsvarianten und Einarbeiten von Feedback in kurzen Zyklen. Diese Denkhaltung lässt sich ausgezeichnet mit nutzerorientierten Vorgehensweisen vereinbaren.

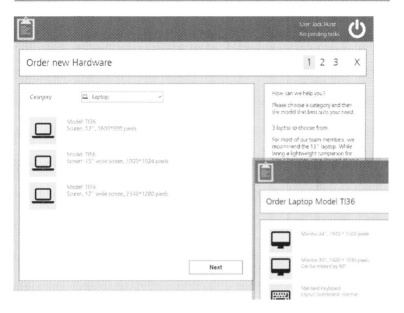

Abb. 3.9 GUI-Prototyp nach einigen Iterationen: Spezielle Prototyping-Werkzeuge erlauben die schnelle Erstellung einiger Dialoge, die sich zu einem klickbaren Prototyp verbinden lassen, den die Benutzer bereits ausprobieren können

Evaluation der Resultate

Eine wesentliche Aufgabe jeder nutzerorientierten Software- oder Produktentwicklung besteht darin, die erstellten Resultate mit Benutzern zu überprüfen und zu optimieren. Dabei kann es sich um erste UI-Skizzen, Prototypen oder bereits realisierte Teile des Systems handeln.

In **Usability-Tests** werden Benutzer dabei beobachtet, wie sie mit einer neuen Anwendung oder einem Prototyp umgehen (siehe Abschn. 4.7). Die Probleme werden dokumentiert und daraus Verbesserungsmaßnahmen erarbeitet. Usability-Tests können auch im Rahmen eines Abnahmetests zur Erfüllung der Anforderungen eingesetzt werden. **Usability Walkthroughs** sind weniger formal und eignen sich zur Überprüfung und Optimierung erster Prototypen und für das Aufdecken

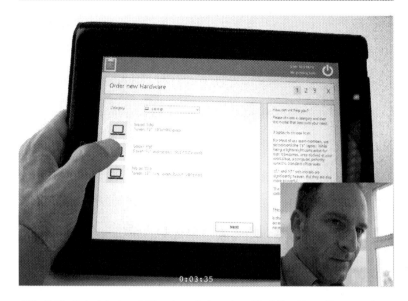

Abb. 3.10 Beispiel eines Video-Ausschnitts eines Usability-Tests: Benutzer lösen realistische Aufgaben mit der neuen Lösung. Probleme und unbekannte Anforderungen kommen ans Licht

neuer Anforderungen früh im Prozess. Abb. 3.10 zeigt eine Usability-Test-Situation mit dem Prototyp aus unserem Beispiel.

Mithilfe von **Fragebögen** kann von einer größeren Anzahl Benutzer Feedback zur Usability und User Experience eines Produkts eingeholt werden (mehr dazu in Abschn. 4.8).

Nebst dem funktionalen Testen der entwickelten Software und Hardware, um eine fehlerfreie Funktionsweise sicherzustellen, bieten gängige Vorgehensmodelle hier relativ wenige methodische Hilfsmittel an. Im Wesentlichen beschränken sie sich auf formale Reviews, Stellungnahmen und Abnahmetests durch den Auftraggeber. Nutzerorientierte Methoden ergänzen diese Tätigkeiten.

Agile Teams streben danach, ein Produkt bereits mit minimalem Funktionsumfang ausgewählten Anwendern zur Verfügung zu stellen. Im realen Einsatz werden die Ecken und Kanten eines Produkts spürbar und bewertbar. Dieser Ansatz, ein Produkt bereits mit minimalem Umfang auf den Markt zu bringen und mit stetigem Feedback der Benutzer weiter zu entwickeln, ist als *Minimal Viable Product* (MVP) bekannt. So könnte in unserem Beispiel zunächst nur die Erfassung einer Hardware-Bestellung mit Freigabe per E-Mail eingeführt werden, um Feedback für spätere Releases zu sammeln und in den folgenden Iterationen weitere Funktionen umzusetzen.

3.4 Zusammenfassung der Methoden

Die Kernaufgaben in der nutzerorientierten Software- oder Produktentwicklung lassen sich vereinfacht in fünf Bereiche zusammenfassen. Die Einteilung in Aufgabenbereiche erleichtert das Verständnis von Ziel und Zweck der eingesetzten Methoden und der gewünschten Ergebnisse. Sie sind unabhängig vom eingesetzten Entwicklungsprozess:

- *Analyse:* Benutzer, Aufgaben und Kontext verstehen,
- *Modellieren:* Entwurf und Optimierung einer passenden Lösung,
- *Spezifikation:* Die Anforderungen – insbesondere jene der Benutzer – festhalten und in die Entwicklung tragen,

Abb. 3.11 Prinzipielle Aufgabenbereiche bei der Entwicklung von Produkten und Systemen

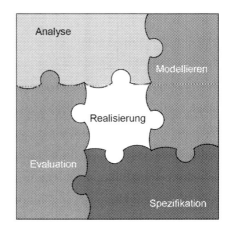

- *Realisierung:* Prototyping und Umsetzung (Implementierung) der Lösung,
- *Evaluation:* Resultate – mit Benutzern – überprüfen.

Abb. 3.11 zeigt die Aufgabenbereiche in der Übersicht. Diese Aufgabenbereiche sind nicht im Sinne eines zeitlichen Ablaufs zu verstehen. So kann es beispielsweise zielführend sein, zunächst eine Evaluation eines bestehenden Systems vorzunehmen, bevor die Modellierung einer neuen Lösung angegangen wird. Oder es kann ein erstes Modell erstellt werden,

Tab. 3.3 Gegenüberstellung gängiger Methoden aus Software Engineering und nutzerorientierten Vorgehensmodellen

Aufgabenbereiche	Software-Engineering-Methoden	Nutzerorientierte Methoden
Analyse (Nutzungskontext verstehen)	Business-Analyse	*Contextual Inquiry*
	Business Modeling	Beobachtungen
	Stakeholder-Interviews	Interviews
	Moderierte Workshops	Fokusgruppen
	Analyse von Altsystemen	Aufgabenanalysen
	Analyse von Dokumenten	*Fragebögen*
Modellieren und Spezifikation (Nutzungsanforderungen spezifizieren)	Business Modeling	*Personas und Szenarien*
	Use-Case-Modell	*Storyboards*
	Use-Case-Spezifikationen	*UX Prototyping, Wireframes*
	User Story Mapping	
	User Stories	
	Domänenmodell	*User-Interface-Konzept*
	Glossar	*Styleguides*
	Nicht-funkt. Anforderungen	
	Ablaufdiagramme	
Realisierung (Gestaltungslösungen entwerfen)	Technisches Design	*Guidelines*
	SW-Architektur	*Styleguides*
	Implementierung	*UX Prototyping, Mock-ups*
Evaluation (Gestaltungslösungen evaluieren)	Funktionales Testen	*Usability Testing*
	Formale Reviews	*Usability Walkthroughs*
	Stellungnahmen	*Fragebögen*
	Abnahmetests	Checklisten und Heuristiken
		Experten-Reviews

das der Analyse dient. In der Praxis werden diese Aufgaben oft wiederholend (iterativ) oder sogar parallel durchgeführt. In Kap. 5 (Planung) werden diese zeitlichen Zusammenhänge näher beschrieben.

Tab. 3.3 zeigt die Integration der Methoden aus Software Engineering und nutzerorientierten Prozessmodellen als Übersicht. Die kursiv gedruckten Methoden werden im nächsten Kapitel näher beschrieben.

Die 7±2 wichtigsten Methoden

4

Im vorigen Kapitel haben wir argumentiert, dass sich nutzerorientierte Aktivitäten nahtlos in bestehende Software-Engineering-Ansätze integrieren lassen, und Ihnen einige Methoden im Zusammenhang aufgezeigt. In diesem Kapitel möchten wir Ihnen acht[1] wichtige nutzerorientierte Methoden näher vorstellen. Wir sind davon überzeugt, dass diese Auswahl einem Projekt eine umfassende Werkzeugpalette zur Verfügung stellt, um in unterschiedlichen Situationen gezielt benutzbare Produkte zu entwickeln und ein optimales Nutzererlebnis zu erschaffen. Tab. 4.1 fasst diese Methoden und ihren primären Zweck zusammen.

---

[1] Eine Randnotiz für den interessierten Leser: Bei der Zahl im Titel handelt es sich um nichts anderes als die oft zitierte „magische Zahl 7 ⊥ 2". Der Psychologe George A. Miller veröffentlichte 1956 eine Studie über die Limitationen der menschlichen Informationsverarbeitung [Miller 56]. Das menschliche Gehirn ist demnach in der Lage, im Durchschnitt maximal 5 bis 9 gleichwertige Sinnesreize zu beurteilen. Diese Grenze konnte durch verschiedene Experimente, unter anderem mit Tonhöhen, Lautstärken und visuellen Stimuli, nachgewiesen werden. Dieselbe Zahl wurde auch in anderen Studien gefunden und sollte fortan als *magische Zahl 7 ± 2* durch die Wissenschaften geistern: 7 ± 2 entspricht etwa der Anzahl Informationen, die ein Mensch gleichzeitig im Kurzzeitgedächtnis behalten kann. 7 ± 2 ist die Anzahl Objekte, welche die menschliche Aufmerksamkeit umfasst. Missverständnis, Zufall oder Gesetzmäßigkeit? Immer wieder wurde versucht, Design-Richtlinien daraus abzuleiten, die jedoch einer genaueren Überprüfung bisher nicht standhielten.

© Springer-Verlag Berlin Heidelberg 2016, M. Richter, M. D. Flückiger, *Usability und UX kompakt*, IT kompakt, DOI 10.1007/978-3-662-49828-6_4

Tab. 4.1 Übersicht der wichtigsten nutzerorientierten Methoden

Methode	Zweck
Contextual Inquiry	Analyse der Benutzer und des Einsatzumfelds des neuen Systems
Personas und Szenarien	Modellieren der unterschiedlichen Benutzergruppen und der Anwendung aus Benutzersicht
Storyboards	Kommunizieren ausgewählter Abläufe mit dem neuen System
UX Prototyping	Entwickeln von Produktideen, Klären der Anforderungen, Konzipieren und Optimieren der Benutzerschnittstelle
Use Cases und User Stories	Funktionale Anforderungen in die Entwicklung tragen
Guidelines und Style-guides	Definieren der Gestaltungsrichtlinien
Usability Testing	Beurteilen des neuen Systems durch Benutzer
Fragebögen	Sammeln aussagekräftiger Zahlen zur Analyse von Benutzern und Kontext oder zur Beurteilung eines Systems oder Prototyps

4.1   Facetten des Handelns: Contextual Inquiry

Es locken heiße Features, coole Technologien und verführerisches Spar-potenzial. Sie brauchen nur zuzugreifen. Scheinbar ist die seit über drei-ßig Jahren akute Software-Krise nur eine Frage der richtigen Technologie und heute dank Smartwatch, Big Data Analytics und Internet of Things gelöst (ersetzen Sie die Begriffe mit beliebigen Schlagworten der aktuel-len IT-Marketing-Maschinerie).

Contextual Inquiry geht die Software-Krise nicht durch neue Techno-logien an, sondern durch ein fundiertes Verständnis der künftigen Benut-zer, ihrer Tätigkeiten und Bedürfnisse. Contextual Inquiry lässt sich mit „Erhebung im Umfeld der Benutzer" übersetzen. Der Analyst untersucht die Bedürfnisse der Anwender, indem er diese bei ihren Tätigkeiten be-obachtet und sie dazu befragt.

Von Beobachtung und Befragung zu Bedürfnissen

Eine neue Software soll Versicherungsberater beim Erstellen von Angeboten unterstützen. Das Projektteam besucht die Benutzer, um die Arbeitsweise der Berater zu verstehen und eine passende Software zu erarbeiten. Besonders relevant ist das eigentliche Beratungsgespräch, da die Software gemäß Projektauftrag die Qualität der Beratung verbessern soll. Die Analysten nehmen an einigen Beratungsgesprächen teil. Sie beobachten das Gespräch und befragen zudem den Berater über den Verlauf. Die Beobachtung ermöglicht es den Analysten, wichtige Informationen aufzunehmen, die in einer reinen Befragung nicht auftauchen würden. Die Analysten zeichnen im Detail auf, welche Informationen tatsächlich relevant sind und wie die Berater daraus auf geeignete Versicherungsprodukte schließen. Die Analysten machen sich ebenfalls ein Bild von einigen Software-Anwendungen, die von den Beratern eingesetzt werden, beispielsweise um Berechnungen durchzuführen, Informationen abzulegen, Briefe zu schreiben etc. Diese detaillierten Informationen erlauben es dem Projektteam, ein zu den Aufgaben der Benutzer passendes System zu entwerfen.

Die psychologische Forschung bestätigt, dass Menschen Wissen, das sie in einer bestimmten Situation anwenden, nicht einfach abrufen können. In einem Interview ist solches implizites Wissen nur schwer erfassbar. Die Kombination von Beobachtung und Befragung ermöglicht einerseits, das wirkliche Geschehen im Detail zu erfassen, und andererseits, die Gründe und Zusammenhänge dahinter zu durchleuchten. Diese Informationen sind wertvoll, um den notwendigen Informationsgehalt, die Nutzerführung und die passenden Funktionen des geplanten Systems abzuleiten.

Fragestellung

Mit Contextual Inquiry sollen ausgewählte Fragestellungen beantwortet werden. Lohnenswerte Fragen zielen auf den Einsatz und das Umfeld heute benutzter Produkte ab. Für die Weiterentwicklung eines Navigationsgerätes im Auto kann es beispielsweise aufschlussreich sein, wie die Rollenverteilung zwischen Beifahrer und Fahrer auf einer Urlaubsreise ist.

Bevor ein Analyst mit Benutzern spricht, stellt sich das Projektteam die Frage, was in Bezug auf das neue System wichtig zu wissen ist.

Natürlich ergeben sich auch Fragestellungen, die mit Contextual Inquiry nicht beantwortet werden können: Beispielsweise wie viel ein Kunde für ein Produkt bezahlen würde (Marketing und Marktforschung), ob eine bestimmte Technologie geeignet ist (Entwicklung) oder wie ein Geschäftsprozess grundsätzlich ablaufen soll (Geschäftsprozessmodellierung).

Contextual Inquiry fokussiert auf die Tätigkeiten der späteren Benutzer und das Umfeld der Anwendung. Tab. 4.2 stellt fünf Sichten dar, die mit der Methode erfasst und dokumentiert werden können (vergleiche auch Abb. 4.1).

In kaum einem Umfeld ist der gesamte Nutzungskontext in nur einer Interviewrunde erfassbar. Die Erfahrung zeigt, dass die Fragestellungen zu Beginn breit und unscharf sind. Im Verlauf des Projektes kennt das Analyseteam den Kontext immer besser, und die Fragestellung wird konkreter und enger gefasst. Es lohnt sich deshalb, mehrere Iterationen durchzuführen. Die Resultate befruchten jeweils die Fragestellung der nächsten Iteration.

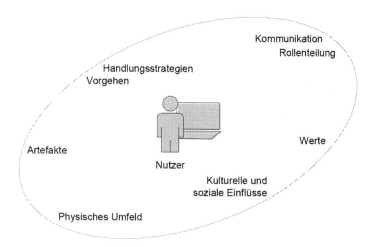

Abb. 4.1 In einer Contextual Inquiry werden unterschiedliche Aspekte beim Einsatz bestehender Produkte und Systeme untersucht, um den Kontext der geplanten neuen Lösung detailliert zu beleuchten

Tab. 4.2 Fragestellungen, die in einer Contextual Inquiry untersucht werden können

Sicht	Fragestellung
Rollenteilung und Kommunikation	Typische Rollenverteilung
	Aufgaben und Verantwortlichkeiten
	Kommunikationsmittel
	Kommunikationszweck und Inhalte
	Vorteile und Probleme der Rollenteilung
Handlungsstrategien und Vorgehen	Ausführung von Tätigkeiten
	Unterschiedliche Vorgehensweisen
	Stärken und Schwächen
	Häufigkeit, Frequenz, Intensität und Dauer der Durchführung
	Ausnahmesituationen und Fehler, Spezialfälle
Artefakte	Bei der Tätigkeit benutzte Dokumente, Formulare, Werkzeuge usw.
	Aufbau und Informationsgehalt
	Verwendungszweck
	Anpassung an individuelle Bedürfnisse
	Zweckentfremdete Verwendung
	Vorteile und Schwierigkeiten
Kulturelle und soziale Einflüsse	Personen, die Einfluss nehmen
	Wirkung von sozialem Druck, Machtausübung
	Verhaltensregeln
	Ziele, Werte und Vorlieben
	Widersprüchliche Einflüsse
	Probleme und Chancen auf kultureller Ebene
Physisches Umfeld	Raumaufteilung, Arbeitsplatzgestaltung, Einrichtung
	Verfügbare Hilfsmittel
	Wege und Distanzen
	Einfluss auf Kommunikation
	Verbesserungspotenzial

Im Kontext untersuchen

Mit einer ausgewählten Fragestellung stößt der Analyst gezielt in die Welt der Benutzer vor. Die Auswahl der Interviewpartner muss für gewöhnlich nicht repräsentativ im Sinne der Statistik sein, doch sie sollte ein breites Spektrum an Meinungen und Bedürfnissen abdecken. Es lohnt sich, auf eine gewisse Streuung bezüglich Alter, Geschlecht, Position, Einsatzort, Erfahrung, Fachwissen, kulturellem Hintergrund und mehr zu achten.

Die Untersuchung findet vor Ort und während der Tätigkeit statt. Der Analyst beobachtet den Interviewpartner und stellt gezielt Fragen über das Beobachtete. Der Interviewpartner soll die eigene Handlungsweise reflektieren und so angewandtes Expertenwissen aufdecken.

Um dies zu erreichen, ist eine partnerschaftliche Haltung des Analysten notwendig. In gewissen Situationen kann dafür eine Hilfstechnik nützlich sein, bei welcher der Analyst die Rolle eines Auszubildenden einnimmt. Der Interviewpartner instruiert dabei den Beobachter, damit dieser die Aufgabe verstehen und nachvollziehen kann.

Der Analyst und der Interviewpartner diskutieren, ausgehend von einer gerade vorgeführten Tätigkeit, über Probleme, fachliche Zusammenhänge und Verbesserungsmöglichkeiten. Der Analyst sammelt alles, was im Interview diskutiert wird: ausgefüllte Formulare, Screenshots, Skizzen über interessante fachliche Zusammenhänge, Audioaufnahmen von Gesprächen und mehr.

Ungeplante oder seltene Tätigkeiten zu beobachten kann herausfordernd und zeitaufwändig sein. Solche Situationen lassen sich anhand der dabei entstandenen Artefakte rekonstruieren. Diese Methode eignet sich auch für lange dauernde Tätigkeiten. Ein alternativer Ansatz ist, die Interviewpartner zum Aufnehmen oder Protokollieren der Tätigkeiten zu motivieren („Tagebuchmethode") und anschließend ein Interview basierend auf den Aufnahmen durchzuführen.

Bei neuartigen Produktentwicklungen können erste Entwürfe, Prototypen oder existierende vergleichbare Produkte in die Interviews einbezogen werden. Je näher die Erhebungssituation an die Realität der geplanten Anwendung heranreicht und je lebensechter der Kontext dieser Anwendung vermittelt werden kann, desto wertvoller sind die Rückmeldungen der Benutzer.

Analysieren der gesammelten Daten

Die Analyse basiert auf den gesammelten Unterlagen, Notizen, Skizzen, Video- und Audioaufnahmen. Es ist von Vorteil, in einem Team aus Analysten und Entwicklern zu arbeiten: Analysten stellen sich andere Fragen und suchen nach anderen Lösungsansätzen als Entwickler. Entwickler lernen dabei insbesondere das Anwendungsumfeld kennen. Das Team extrahiert die folgenden Informationen:

- *Ziele und Bedürfnisse der befragten Personen sowie deren Probleme, Werte und Eigenheiten:* In Abschn. 4.2 zeigen wir, wie das Team daraus mittels Personas das Zielpublikum charakterisiert.
- *Aufgaben, Abläufe und Tätigkeiten:* Diese Informationen dienen als Grundlage für die Beschreibung der künftigen Abläufe mit dem neuen System.
- *Schwierigkeiten und erprobte Lösungsansätze der Benutzer mit heutigen Werkzeugen:* Diese Informationen schärfen den Blick für die wesentlichen Bedürfnisse der Benutzer und die dazu passenden Funktionen.
- *Begriffe und Informationen zum Fachbereich:* Ein genaues Verständnis der Objekte und Daten des Anwendungsgebiets ist für die Gestaltung einer neuen Lösung unverzichtbar. In der Software-Entwicklung ist es geläufig, solche Zusammenhänge in einem Domänenmodell abzubilden. Eine Contextual Inquiry liefert dafür hervorragende Grundlagen. Das Team wird hier vor allem in gesammelten Formularen und Dokumenten sowie bestehenden Produkten und Hilfsmitteln fündig.

Abb. 4.2 zeigt eine effektive Art der Auswertung vieler Daten. Das Team hält relevante Beobachtungen und Erkenntnisse auf Kärtchen fest. In einem Auswertungsworkshop werden diese Kärtchen gemeinsam interpretiert, geordnet und daraus Schlüsse gezogen. Durch die Zusammenarbeit und den aktiven Austausch der Teilnehmer verdichten sich die Erkenntnisse in einem mehrstufigen Prozess zu Anforderungen, die es im Hinblick auf eine neue Lösung zu beachten gilt. Aufgrund der dabei entstehenden Gruppen thematisch zusammenhängender Kärtchen wird diese Technik als Affinitätsdiagramm bezeichnet.

[Beyer et al. 98] beschreiben mit **Contextual Design** eine weiterführende Methodik, um die Resultate aus einer Contextual Inquiry in grafischen Modellen festzuhalten. Die Modelle eignen sich gut zur Verdeutlichung der fünf Sichten des Kontexts und liefern wichtige Ansatzpunkte und Erkenntnisse für die Gestaltung einer neuen Lösung. Zur

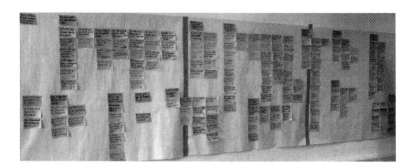

Abb. 4.2 Ein Affinitätsdiagramm führt zu einem aktiven Austausch der Teilnehmer bei der Analyse qualitativer Daten

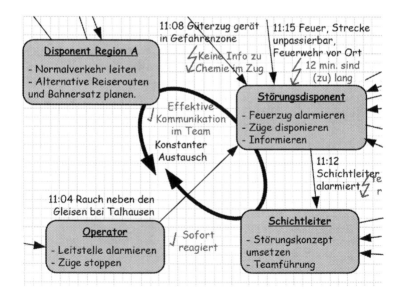

Abb. 4.3 Darstellung der Kommunikation während eines Störungsfalls in einem Informationsflussmodell (Flow Model). Es zeigt die komplexe Kommunikation zwischen den Beteiligten in allen Details und weist auf Stärken und Schwächen hin

Untersuchung von Störungsfällen kann beispielsweise die Kommunikation zwischen den beteiligten Personen in einem *Informationsflussmodell* aufgezeichnet werden. Abb. 4.3 zeigt einen Ausschnitt eines solchen Modells.

Geschäftsprozessmodellierung ergänzen

Contextual Inquiry ergänzt die Geschäftsprozessanalyse und -modellierung. Geschäftsprozesse geben die konsolidierten und standardisierten Abläufe in einem Unternehmen wieder. Sie modellieren hingegen nicht die Problemlösungsstrategien, die eine bestimmte Person anwendet, welche Abkürzungen und Optimierungen diese vornimmt und wie sie sich mit den Kollegen abspricht. Geschäftsprozesse sagen auch nichts über das konkrete physische und kulturelle Umfeld aus, in dem die Benutzung stattfindet. Diese Lücke schließt Contextual Inquiry und bringt die Aspekte der täglichen Arbeit und der konkreten Anwendung der Geschäftsprozesse in ein Projekt hinein.

Innovation aus dem realen Leben

Innovation entspringt unterschiedlichen Quellen: Neue und bessere Technologien ermöglichen neue Produkte und eröffnen neue Geschäftsfelder. Durch die Optimierung der Geschäftsprozesse werden neue Wege aufgezeigt und das bestehende Potenzial eines Unternehmens besser ausgenutzt. Contextual Inquiry erschließt eine weitere Quelle für Innovation: Die Methode zeigt verbreitete Muster, erprobte Lösungsansätze, Bedürfnisse und ungelöste Probleme der Menschen auf – Faktoren, die Potenzial für wirklich nützliche Produkte bieten, welche die Benutzer direkt ansprechen.

Abb. 4.4 Ein Produkt erzeugt bei seinen Benutzern unterschiedliche Reaktionen. Vorbereitete Antwortkarten bringen diese zum Vorschein. Zusammen mit den erklärenden Kommentaren der Interviewpartner lassen sich Nutzungserlebnisse nachvollziehen

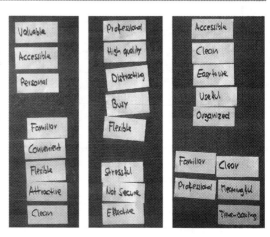

Erfahrungswelt ergründen mit Response Cards

Beobachtungstechniken wie Contextual Inquiry erheben sichtbare Ereignisse. Einem trainierten Beobachter und Interviewer mag es durchaus gelingen, auch die emotionale Reaktion einer Person in Bezug auf eine Situation zu erfassen. Als Türöffner für eine Diskussion lässt sich die Technik der „Emotional Response Cards" [Benedek et al. 02] verwenden, zum Beispiel im Anschluss an eine Beobachtungssituation. Der Teilnehmer wählt aus einem vordefinierten Set jene Karten aus, die am besten zum gerade Erlebten passen (siehe Abb. 4.4). In Kombination mit erklärenden Kommentaren lässt sich damit einfach und strukturiert seine emotionale Reaktion ergründen.

Anwendung im agilen Umfeld

- In der agilen Entwicklung wird angestrebt, nur so viel Analysearbeit durchzuführen, wie für die anstehenden Iterationen notwendig ist. Eine vorangehende Beobachtungs- und Analysephase mit Contextual Inquiry ist dann angebracht, wenn komplexe Tätigkeiten der Benutzer unterstützt werden sollen, die sich auch mit der neuen Software nicht stark verändern werden. Ansonsten kann es zielführender sein, hypo-

thesengetrieben vorzugehen: Basierend auf kurzen Analysen und Annahmen über Benutzer und Umfeld werden Prototypen oder Teilpro-
dukte der neuen Lösung entwickelt und diese in kurzen Entwicklungs-
zyklen mit Benutzern validiert, verfeinert oder verworfen.

- Agile Teams sollten darauf achten, nicht zu schnell auf zukünftige Lösungen einzuschwenken, ohne die bestehenden Aufgaben und Hand-
  lungsstrategien der Benutzer wirklich verstanden zu haben.

Darauf sollten Sie achten

- Niemand wird gerne beobachtet, wenn nicht klar ist, wozu die Analy-
  se dient. Nur eine transparente, offene, interessierte und partnerschaft-
  liche Haltung führt zum Ziel.
- Behalten Sie während der Analyse die ausgewählte Fragestellung im
  Auge. So manches Projektteam hat sich schon in der Unzahl der Informationen in der Analyse verloren.
- Halten Sie auch fest, worauf Ihre Erkenntnisse zurückzuführen sind.
  Irgendwann kommt ein Auftraggeber und will wissen, weshalb ein
  bestimmtes Feature eingebaut wurde.
- Setzen Sie Untersuchungen im Kontext gezielt ein und wägen Sie den
  Nutzen gegenüber Prototyping bewusst ab: Ist es wichtig die Ist-Situa-
  tion noch genauer zu verstehen oder geht es bereits darum, die Welt
  von morgen zu entwickeln?

In Kürze

Methode	Contextual Inquiry
Resultate	Fundiertes Wissen über Benutzer und Kontext
	Optimierungspotenzial erkannt und abschätzbar
	Grundlage zur Beurteilung der Nützlichkeit
	Anforderungen aus dem Nutzungskontext bekannt
Vorgehen	Benutzer und ihre Tätigkeiten vor Ort beobachten und befragen. Iterationen anhand der offenen Fragen steuern. Optimierungspotenzial identifizieren und Lösungsideen protokollieren
Aufwand [PT = Personentage]	Hängt stark von der Komplexität des Projekts ab
	Klein: 1 Iteration, 1–2 Analysten, 3–6 Interviews: 3–12 PT
	Mittel: 2 Iterationen, 2 Analysten, 6–12 Interviews: 12–30 PT
	Groß: mehrere Durchgänge à 2 Iterationen mit 3–5 Analysten und jeweils 6–12 Interviews: 30 PT und mehr
Beteiligte	Analyst übernimmt die Führung, Entwickler und Produktmanager arbeiten aktiv mit
Planung	Bei Projektinitialisierung; in den ersten Phasen des Projekts

4.2 Modellierte Realität: Personas und Szenarien

Eine Versicherungsgesellschaft entwickelt ein Softwaresystem, um Schadensmeldungen und die daraufhin geleisteten Entschädigungen zu verwalten. In der Spezifikation erscheint der Akteur „Sachbearbeiter" und als einer der wesentlichen Anwendungsfälle „Schadensmeldung erfassen". In einem Workshop, in dem ein erster Prototyp mit einigen Benutzern besprochen wird, verläuft die Diskussion etwas hitzig: Während ein Sachbearbeiter den Vorschlag ganz gut findet, da alle notwendigen Informationen übersichtlich dargestellt seien, stöhnt ein anderer über die vielen Eingabefelder und Abhängigkeiten. Es stellt sich heraus, dass der Erste das bestehende System täglich benutzt und viele Fälle erfasst, während der andere nur einige Male pro Monat Daten für wenige Spezialfälle eingibt und deshalb viele der Funktionen gar nicht benötigt. Der Prototyp erfüllt offenbar nur die Anforderungen des ersten Benutzers, nicht aber jene des zweiten.

Dieser Abschnitt befasst sich mit den Methoden *Personas* und *Szenarien*. Es handelt sich dabei um zwei Instrumente, um die unterschiedlichen Bedürfnisse der Benutzer zu modellieren und daraus passende Lösungen abzuleiten.

Personas

Personas stellen prototypische Benutzer dar und verkörpern ihre unterschiedlichen Ziele, Verhaltensweisen und Eigenschaften, die im Hinblick auf das zu entwickelnde Produkt relevant sind. Die Methodik wurde durch den Interaktionsdesigner Alan Cooper eingeführt und publik gemacht [Cooper et al. 10]. Die Namensgebung leitet sich aus dem griechischen Theater der Antike ab. Die *Persona* war eine Maske, welche die Rolle der Schauspieler typisierte und gleichzeitig als Schallverstärker diente – ein treffender Begriff, wie wir finden. Personas charakterisieren Benutzer in bestimmten Rollen. Abb. 4.5 zeigt ein Beispiel einer Persona.

Personas werden aufgrund von Informationen über die zukünftigen Benutzer eines Systems erarbeitet. Dazu dienen beispielsweise Ergeb-

Hans
- arbeitet täglich mit dem System
- behandelt Fälle direkt am Telefon
- benutzt Headset und Tastatur
- übergibt komplexe Fälle an Case Manager

„Der Zeitdruck ist gross. Ich habe sieben Minuten pro Fall."

Sachbearbeiter Schadensabteilung

43 Jahre alt

„Die vielen Klicks zu den Daten sind nervtötend. Warum ist nicht, was ich benötige, auf einem Screen?"

kaufmännische Ausbildung

„Ich weiss genau, was wohin gehört."

seit 24 Jahren bei Versicherungen

„Mir ist es wichtig, dass sich der Kunde verstanden fühlt."

seit 7 Jahren in der Abteilung Schaden

„Es braucht eine dicke Haut."

Abb. 4.5 Personas illustrieren wichtige Eigenschaften und Bedürfnisse der Benutzer im Hinblick auf ein geplantes neues Produkt

nisse aus Workshops mit Benutzern, Contextual Inquiries, Fragebögen oder Usability Walkthroughs mit bestehenden Systemen. Der Analyst entwirft Vorschläge und validiert diese mit den Beteiligten, oder die Personas werden in einem gemeinsamen Workshop erstellt. Eine Persona sollte schließlich die für das Produktdesign relevanten Eigenschaften der Benutzer widerspiegeln.

Im obigen Beispiel könnten zwei Personas, nennen wir sie Hans und Niklaus, für zwei unterschiedliche Benutzergruppen stehen. Hans und Niklaus unterscheiden sich deutlich in ihren Zielen und arbeiten ganz unterschiedlich mit der Applikation. Während Hans mehrere Fälle pro Tag bearbeitet und das heutige System sehr gut kennt, arbeitet Niklaus nur gelegentlich am System für einzelne, komplexere Fälle.

Was Sie über Ihre Benutzer festhalten sollten

Im Rahmen eines Projekts entstehen mehrere Personas, die jeweils einen typisierten Benutzer beschreiben. Eine Persona kann über folgende Eigenschaften Auskunft geben:

- Ziele der Benutzer,
- Beruf, Funktion, Verantwortlichkeiten und Aufgaben,
- Fachliche Ausbildung, Wissen und Fähigkeiten,
- Verhaltensmuster und Vorgehensweisen,
- Werte, Ängste, Sehnsüchte, Vorlieben,
- Allgemeine Computerkenntnisse,
- Kenntnisse über verwandte Produkte, Vorgängersysteme, Konkurrenzprodukte,
- Verbesserungspotenzial in der heutigen Situation,
- Erwartungen an eine neue Lösung.

Der erstellte Charakter soll einprägsam sein. Seine Eigenschaften sollen einfach verinnerlicht werden können. Dazu kann eine Persona mit zusätzlichen passenden Informationen zum Leben erweckt werden:

- Name, Alter, Geschlecht,
- Markige Charakterzüge,

- Bild, Skizze, Porträt,
- Passende Zitate aus Interviews,
- Ein Tag im Leben von …

Insbesondere die weichen Kriterien wie Ziele, Werte und Ängste erscheinen einem Ingenieur im ersten Moment zwecklos. Die Handlungsweise von Menschen in bestimmten Situationen wird indessen stark von genau solchen Faktoren beeinflusst.

Fokussierung der neuen Lösung

> Das Projektteam lässt den Blick über die Galerie der Charaktere schweifen. Ein Analyst meint: „Hans und Niklaus sind sehr verschieden. Müssen wir da nicht zwei User Interfaces erstellen?" Die Diskussion ist eröffnet. Wie soll das Projektteam mit den unterschiedlichen Personas umgehen? Gibt es wichtigere und weniger wichtige Benutzergruppen?

Personas lassen sich wie in Tab. 4.3 dargestellt klassifizieren. Die Einstufung der Personas Hans und Niklaus ist eine bewusste Entscheidung. Handelt es sich um zwei primäre Personas, dann wird das Projektteam zwei optimierte Benutzerschnittstellen entwerfen. Wäre Niklaus hingegen eine Non-Persona, dann würde bewusst keine Optimierung für diese Benutzergruppe erfolgen.

Tab. 4.3 Die Klassifikation der erarbeiteten Personas fördert die Fokussierung auf bestimmte Benutzergruppen und damit eine Priorisierung der Anforderungen bei der Gestaltung eines neuen Produkts

Typ	Bedeutung
Primäre Persona	Für deren Bedürfnisse und Anforderungen wird das Produkt optimiert und die Benutzerschnittstelle erstellt
Sekundäre Persona	Bedürfnisse sind größtenteils durch eine primäre Persona abgedeckt. Nur kleine Erweiterungen notwendig
Ergänzende Persona	Bedürfnisse sind vollständig durch eine primäre Persona abgedeckt
Non-Persona	Eine Persona, die vom Projektteam explizit nicht berücksichtigt wird

Denkanstoß

Denken Sie an ein spannendes Projekt zurück. Wurde über Benutzer diskutiert? Wurden gewisse Benutzerkreise ausgeklammert, bewusst oder unbewusst? Wie hätte die Verwendung von Personas dieses Projekt beeinflusst?

Szenarien

Anwendungsszenarien oder kurz *Szenarien* sind ein zentrales Element in jeder nutzerorientierten Entwicklung. Sie schlagen die Brücke zwischen den Anforderungen und dem Entwurf einer neuen Lösung.

Ein Szenario beschreibt in Form eines realistischen Beispiels, wie ein Benutzer mit dem geplanten System interagieren wird. In einfachen Sätzen oder mittels Kärtchen an einer Pinnwand wird ein konkreter Ablauf aus Benutzersicht im Anwendungskontext dargestellt. Dabei sollte, wie auch bei Personas, mehr auf inhaltlich richtige Aussagen als auf deren formale Korrektheit geachtet werden.

Abb. 4.6 zeigt ein kurzes Szenario zur Beschreibung einer neuen Versicherungsapplikation. Es beschreibt in wenigen Sätzen, wie die Aufnahme eines Schadensfalls in Zukunft mit dem neuen System ablaufen soll. Das Szenario spiegelt eine Reihe zusammengehöriger Anforderungen aus Benutzersicht wider:

Szenario 1: Aufnehmen eines Schadensfalls

Es ist 15:00 Uhr. Bei Hans klingelt das Telefon. Auf seinem neuen Laptop-Bildschirm erscheinen neben der Telefonnummer Name und weitere Angaben des anrufenden Kunden. Hans nimmt den Anruf entgegen und begrüßt den ungeduldigen Kunden, der eine kaputte Fensterscheibe melden möchte. Der Kunde hat die Nummer seiner Police vor sich und so kann Hans die passende vom Übersichtsbildschirm auswählen. Danach nimmt er den Schadensfall des Kunden auf.

Abb. 4.6 Ein Szenario illustriert die Anwendung einer geplanten neuen Lösung

- Automatische Anzeige des Namens und Angaben des Anrufers,
- Darstellung aller bestehenden Versicherungspolicen eines Kunden,
- Kurze Antwortzeiten des Systems.

Szenarien werden basierend auf den Anforderungen an ein neues System erstellt. Sie können iterativ entwickelt oder in Workshops zusammen mit Benutzern erarbeitet werden. Ein großer Vorteil von Szenarien ist ihre leichte Verständlichkeit. Sie können von verschiedenen Stellen wie Auftraggeber, Benutzer und Entwicklung schon zu einem frühen Zeitpunkt überprüft, ergänzt oder korrigiert werden. Mit anderen Worten: Der Analyst *modelliert* mit Szenarien die Anforderungen an ein neues System. Folgende Eigenschaften zeichnen ein Szenario aus:

- Es wird für eine bestimmte Benutzergruppe entworfen, berücksichtigt ihre Eigenschaften und erfüllt ihre Bedürfnisse.
- Es stellt einen konkreten Fall aus der Anwendung dar.
- Es zeigt, wie die Benutzer das neue Produkt in ihrem realen Umfeld einsetzen werden.
- Es illustriert die für die Entwicklung der neuen Lösung relevanten Aspekte.
- Es beschränkt sich nicht auf den Schönwetterfall, sondern beschreibt auch exemplarisch wichtige Ausnahme- und Fehlersituationen.

Verwendung von Szenarien

Szenarien können zu unterschiedlichen Zeitpunkten in der Entwicklung einer neuen Lösung und für verschiedene Ziele eingesetzt werden:

- *Erhebung und Validierung von Anforderungen:* Die Reflektion am konkreten Beispiel erlaubt es Auftraggebern und Benutzern, Anforderungen in der konkreten Anwendungssituation zu vergegenwärtigen, zu überprüfen und zu ergänzen. Szenarien können als erste Prototypen eines neuen Systems betrachtet werden.
- *Spezifikation:* Szenarien illustrieren die Anwendung im realen Kontext und dienen als Ergänzung des Use-Case-Modells (siehe Abschn. 4.5). Sie vermitteln den Entwicklern ein Verständnis der

Abläufe und Zusammenhänge. In agilen Projekten sind Szenarien eine gute Quelle für die Erstellung von User Stories (vergleiche Abschn. 4.5). Szenarien bringen die konkrete Anwendung in die Diskussion ein.

- *User-Interface-Konzept:* Szenarien dienen dazu, die Abläufe der Benutzerschnittstelle zu beschreiben. Damit kann die Interaktion modelliert und mit Benutzern optimiert werden. Die technischen Anforderungen können von Entwicklern überprüft werden.

- *Usability-Testszenarien* (siehe Abschn. 4.7): Szenarien dienen als Basis für die Evaluation eines Systems oder eines Prototyps zusammen mit Benutzern.

- *Testszenarien:* Aus den erstellten Szenarien können Testszenarien für die Prüfung der entwickelten Software abgeleitet werden.

- *Schulung:* Szenarien dienen zur Schulung von Benutzern und als Basis für die Erstellung von Anleitungen.

Diese Durchgängigkeit über den gesamten Entwicklungsprozess macht Szenarien zu einem äußerst effektiven Instrument in der Entwicklung interaktiver Systeme. Für eine weiterführende Vertiefung der szenariobasierten Entwicklung möchten wir an dieser Stelle auf das Buch [Rosson et al. 02] verweisen.

Hintergrund: Die Macht des guten Beispiels

Ein Analyst achtet darauf, formal korrekt und präzise zu formulieren. Die Spezifikation eines neuen Systems darf letztendlich nur wenig Interpretationsspielraum zulassen. Um formal korrekt zu formulieren, muss zwangsläufig über verschiedene mögliche Fälle generalisiert werden. Die Gefahr dabei ist, dass die Realität auf der Strecke bleibt.

Der Sachbearbeiter nimmt eine Schadensmeldung eines Kunden auf ist eine formal korrekte Formulierung des Sachverhalts im obigen Beispiel, sie sagt allerdings wenig über die tatsächliche Situation aus. Natürlich wird im Beispiel nicht nur der Versicherungsmitarbeiter Hans mit dem neuen System arbeiten. Es sollen damit auch nicht nur Schadensmeldungen für kaputte Fensterscheiben erfasst werden. Eine aus Benutzersicht zentrale Anforderung ist im vorliegenden Fall, dass der Benutzer aufgrund der Kundenanfrage (eine kaputte Fensterscheibe) schnell und eindeutig (denn der Kunde wartet am Telefon) die richtige Versicherungspolice (z. B. eine Hausratversicherung) zuordnen kann. Diese Anforderung wird erst durch die Schilderung der konkreten Anwendungssituation ersichtlich und kommt in einer formal korrekten, generalisierten Darstellung nur schwer zum Ausdruck.

Ein Beispiel dagegen ist weder eindeutig noch vollständig. Interessanterweise ist das menschliche Gehirn hervorragend dafür geeignet, aus Beispielen Regeln abzuleiten. Mittels weniger, guter Beispiele kann ein Sachverhalt oft schneller, umfassender und manchmal sogar präziser dargestellt werden als mit einer formalen Spezifikation. Personas und Szenarien nutzen diese Tatsache aus. Indem sie wichtige, stimmige und realistische Beispiele wiedergeben, können sie die Anwendung eines geplanten Systems schon früh im Entwicklungsprozess relativ genau umreißen, ohne dass die Details präzisiert werden müssen.

Die Benutzerperspektive

Mit Personas und Szenarien kann das Projektteam die Perspektive der Benutzer einnehmen und aus deren Sicht diskutieren. In erster Linie soll damit das System oder Produkt entworfen und die Benutzerschnittstelle optimiert werden. Zum Beispiel könnte ein Szenario zeigen, in welcher Reihenfolge Hans Informationen sucht, liest und eingibt. Der Vergleich zu einem analogen Szenario mit Niklaus würde die Unterschiede im Vorgehen sichtbar machen. So kann für unterschiedliche Benutzergruppen die richtige Mischung zwischen unterstützenden, beschränkenden und flexiblen Funktionen definiert werden.

Personas und Szenarien dienen einem Projektteam auch zur Beurteilung von Konkurrenz- oder Vorgängerprodukten: Wie gut wird eine Person den im Szenario skizzierten Fall lösen? Dies gibt wertvolle Hinweise über Stärken und Schwächen anderer Lösungen.

Durch die Benutzerperspektive ändert sich die Diskussion. Die Teilnehmer werden zur *Perspektivenübernahme* (vergleiche Abschn. 1.2) ermuntert. Sie diskutieren aus der Sicht der Persona, statt aus einer aufgrund eigener Erfahrungen oder klischeehaften Vorstellungen gebildeten Individualsicht. Die Diskussion wird dadurch objektiver. Statt darüber zu streiten, ob der Benutzer dieses oder jenes Konzept verstünde oder nicht, lässt sich die Frage untersuchen, welche Persona das Konzept kennt. Je fundierter die Daten, die zu den Personas führten, desto objektiver die Diskussion.

Anwendung im agilen Umfeld

- Personas sind in der agilen Produktentwicklung ein geeignetes Hilfsmittel, um eine gemeinsame Vorstellung der Zielgruppen zu vermitteln. Im Team-Raum als Poster aufgehängt lassen Personas die zukünftigen Benutzer präsent werden.
- *Ad-hoc Personas* verkörpern erste Hypothesen des Zielpublikums. In
  jeder Feedbackschleife der agilen Entwicklung kann das Team die
  Hypothesen aufgrund fokussierter Analysen prüfen, schärfen und erweitern.
- Szenarien nehmen in der agilen Entwicklung eine wichtige Stellung
  ein. Die im Backlog verfeinerten Einträge enthalten wenig Kontext.
  Szenarien zeigen im Zusammenhang auf, wie Anwender ihre Aufgaben mit dem neuen System erledigen werden. Sie ermöglichen den
  Entwicklern zu erkennen, wie sich ein Eintrag im Backlog auf die
  Nutzung auswirkt. Das Team kann das Produkt entlang der Szenarien
  auf Durchgängigkeit prüfen.

Darauf sollten Sie achten

- Wenn immer möglich sollten Personas aufgrund von Erkenntnissen
  über die (zukünftigen) Benutzer abgeleitet werden, beispielsweise
  aus Ergebnissen von Interviews, Contextual Inquiries, Beobachtungen oder Befragungen. Es besteht sonst die Gefahr, dass aufgrund
  falscher Vorstellungen an der Zielgruppe vorbeientwickelt wird.
- Es ist nicht immer möglich, mit Benutzern zu sprechen. Hier leisten
  Personas einen wertvollen Dienst, um Annahmen über die Benutzer
  aufzudecken, unterschiedliche Verständnisse zu diskutieren und ein
  gemeinsames Verständnis zu erreichen. In diesem Fall können sekundäre Informationsquellen genutzt werden, wie beispielsweise externe
  Fachexperten, Mitarbeiter aus dem Support Team und Leiter der An-
  wenderschulungen.
- Personas erlauben einem Projektteam, bewusst auf die relevanten Eigenschaften der Benutzer zu fokussieren. Sie sind somit Teil der Pro-
  jektabgrenzung und ein wichtiges Mittel für die Planung nutzerorientierter Aktivitäten.

- Das Projektteam sollte die Anzahl Personas klein halten. Für jede primäre Persona wird eine eigene Benutzerschnittstelle bzw. eine eigene Sicht auf diese erstellt. Mehrere sekundäre Personas weisen zudem darauf hin, dass die Ziele der Benutzerschnittstelle zu breit gefasst oder unklar sind.

- Bei Änderungen der Anforderungen im Verlauf des Projekts kann es relativ viel Aufwand bedeuten, Personas und Szenarien nachzupflegen und konsistent zu halten. Personas und Szenarien sind deshalb nur begrenzt als Modellierungswerkzeuge für Detailanforderungen geeignet. Ihre Stärke liegt in der Vermittlung wichtiger Informationen mit Übersichtscharakter, zum Beispiel für eine Produktvision oder zur Ergänzung der Use Cases oder User Stories.

- Personas sind keine Beschreibungen von Personen. Die Person Frank könnte ein zukünftiges System einmal als Geschäftsmann und einmal als Familienvater mit komplett unterschiedlichen Bedürfnissen benutzen. Die jeweilige Rolle würde in unterschiedlichen Nutzergruppen repräsentiert und mittels verschiedener Personas charakterisiert.

- Personas sind keine quantitativen Zielgruppenbeschreibungen. Personas verkörpern die für die Entwicklung relevanten Aspekte der Benutzer, während sich statistische Angaben über Zielgruppen auf die für Marketing und Verkauf wesentlichen Aspekte konzentrieren.

- Personas sind keine Marktsegmente. Segmente teilen die potenziellen Käufer entsprechend ihrer Eigenschaften in verschiedene Bereiche ein (z. B. alle Kunden im Alter von 18–35). Die Eigenschaften von Personas dagegen weisen keine Bereiche auf und erfüllen einen anderen Zweck. Sie spiegeln Bedürfnisse einer Benutzergruppe wider und fokussieren auf die Interaktion mit dem zukünftigen Produkt.

- Die Stärke von Personas und Szenarien liegt darin, dass sie möglichst konkrete Beispiele der geplanten Anwendung aufzeigen. Je konkreter, desto wertvoller kann das Feedback der Beteiligten ausfallen. Es gilt, jegliche Form von Abstraktion und Generalisierung zu vermeiden. Offene Fragen sollen adressiert und mit den entsprechenden Methoden weiter untersucht werden.

In Kürze

Methode	Personas und Szenarien
Resultate	Benutzergruppen im Detail charakterisiert
	Anwendungsszenarien ausgearbeitet
	Das Team nimmt die Benutzerperspektive ein
Vorgehen	Für ein neues System die wesentlichen Eigenschaften der Benutzer zusammentragen, daraus Personas entwickeln und diese zum Leben erwecken. Szenarien erarbeiten, wie Benutzer mit dem neuen System umgehen. Personas einsetzen, um aus der Perspektive der Benutzer zu diskutieren und zu bewerten
Aufwand	Modellieren von Personas: 2–6 PT
	Erarbeiten von Szenarien: 3–10 PT
	Inkl. Aufwand für Auftraggeber und Beteiligte. Diese Angabe geht davon aus, dass alle notwendigen Grundlagen vorhanden sind
Beteiligte	Analyst erstellt Personas und Szenarien. Auftraggeber, Analyst, Software-Architekt, Entwickler, Fachleute usw. diskutieren aus der Sicht der Benutzer
Planung	Personas entstehen bereits während der Projektabgrenzung und werden später verfeinert. Szenarien entstehen vor allem in der Detaillierungsphase, um Anforderungen und wesentliche Aspekte der Benutzerschnittstelle zu erarbeiten

4.3   Die Vision erlebbar machen: Storyboards

In einer Fünftelsekunde kann man eine Botschaft rund um die Welt senden. Aber es kann Jahre dauern, bis sie von der Außenseite eines Menschenschädels nach innen dringt. (Charles F. Kettering)

Dieser Abschnitt stellt **Storyboards** vor, ein Mittel zur Kommunikation zwischen Auftraggebern, Fachvertretern, Benutzern und Entwicklern. Storyboards werden auch in anderen Gebieten, zum Beispiel in der Filmbranche, eingesetzt. Das Storyboard hilft dem Regisseur dabei, den Schauspielern und dem Filmteam den Aufbau des Films zu vermitteln. Es visualisiert Aspekte wie Perspektive, Beleuchtung, Gesichtsausdrücke, Kostüme und so weiter.

Die Anwendung visualisieren

Ein Storyboard zeigt mithilfe der Benutzerschnittstelle, wie ein System oder Produkt verwendet wird. Es stellt wichtige Aspekte der Anwendung bildlich dar und dient damit der Kommunikation zwischen allen Beteilig-

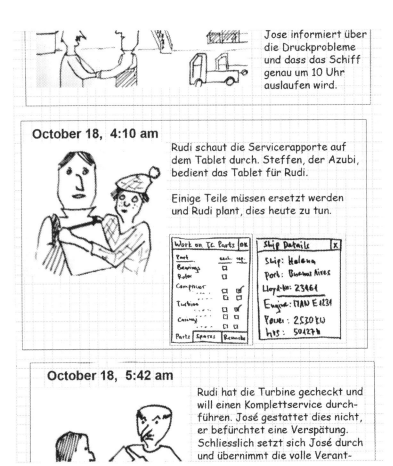

Abb. 4.7 Mit Hilfe eines Storyboards kann ein erster Eindruck der geplanten neuen Anwendung vermittelt werden

ten. Im Wesentlichen handelt es sich dabei um die Visualisierung eines
Szenarios (vergleiche Abschn. 4.2).

Abhängig vom Kommunikationszweck kann ein Storyboard in unterschiedlichen Ausprägungen erstellt werden. Die Palette reicht von skiz-
zenartigen oder realistisch gestalteten Abfolgen der Benutzerschnittstelle
(*User Interface Storyboard*) bis zu Bildergeschichten, die auch Kontext
und handelnde Personen darstellen. Abb. 4.7 zeigt einen Ausschnitt aus
einem Storyboard.

Storyboards kommen in Situationen zum Einsatz, wo Text alleine
nicht ausreicht. Zwei wichtige Gründe sprechen für eine solche Visualisierung:

- In Bildern können Aspekte vermittelt werden, die mit Text nicht oder
  nur schwer auszudrücken sind, beispielsweise neuartige Konzepte, für
  die es noch keine Begriffe gibt.
- Mit der visuellen Umsetzung können Erlebnisse, die für die Anwendung von Bedeutung sind, besser in die Welt des Zielpublikums trans-
  portiert werden.

Ein Storyboard eignet sich deshalb, um folgende Gesichtspunkte aufzuzeigen:

- Dialogabläufe der Benutzerschnittstelle,
- Schwer verständliche Konzepte oder Sachverhalte,
- Wichtige Aspekte des Anwendungskontexts,
- Spezielle oder komplexe Umgebungen, in denen das System einge-
  setzt wird.

Eine Geschichte erzählen

Ein Storyboard erzählt die Geschichte, wie die Benutzer ein neues System nutzbringend einsetzen werden. Eine solche Geschichte vermittelt
Vorschläge und Entscheidungen über Funktionsumfang, Gestaltung, internen Aufbau und mehr. Das Storyboard stellt eine implizite Frage an
die Zuhörer: „Wir als Projektteam denken, dass diese Lösung eure Bedürfnisse erfüllt und so realisiert werden kann. Wo irren wir uns und wo

habt ihr Bedenken?" Damit dies erreicht werden kann, sollten die folgenden Aspekte beachtet werden:

- Die Geschichte erzählt ein konkretes Fallbeispiel.
- Sie ist örtlich und zeitlich eingeordnet.
- Sie erklärt die Zusammenhänge und stellt die kritischen Punkte de-
  tailliert dar.
- Der dargestellte Fall sollte kein Trivialfall sein.
- Die handelnden Personen werden charakterisiert.
- Die Geschichte begründet plausibel, warum die Personen so handeln.

Die Realitätsnähe und die Details der kritischen Punkte bieten Anlass zu
interessanten Diskussionen, in denen Missverständnisse und Diskrepan-
zen aufgedeckt werden.

Was sollte ein Storyboard enthalten?

Ein Storyboard wird mit den Erkenntnissen im Verlauf eines Projekts
präzisiert. Sind am Anfang nur erste Ideen oder verschiedene Varianten
skizziert, so beinhaltet ein Storyboard später die bereits getroffenen Entscheidungen. Es enthält Aussagen zu folgenden Aspekten des geplanten
Systems:

- Berücksichtigte und nicht berücksichtigte Bedürfnisse,
- Änderungen der Geschäftsprozesse,
- Neuerungen in der Arbeitsweise oder Tätigkeit,
- Enthaltene bzw. ausgeklammerte Funktionen,
- Den grundsätzlichen Aufbau der Benutzerschnittstelle,
- Ausgewählte User-Interface-Details.

Diese Liste ist nicht vollständig. Abhängig vom Kommunikationszweck
müssen auch nicht zu jedem Punkt Aussagen vorhanden sein.

Zielgerichtet kommunizieren

Storyboards können in verschiedenen Situationen und für unterschiedliche Zwecke eingesetzt werden:

- Zur Diskussion einer Idee oder einer ausgearbeiteten Lösung mit Benutzern und weiteren Stakeholdern.
- Um das korrekte Verständnis der Bedürfnisse und der fachlichen Zusammenhänge zu prüfen und Missverständnisse auszuräumen.
- Zur Diskussion von Vor- und Nachteilen verschiedener Varianten.
- Um über Neuerungen zu informieren und damit beispielsweise Akzeptanz für das neue Werkzeug zu erzeugen.
- Um neugierig auf das Neue zu machen.
- Um Führungskräfte darüber zu informieren, wie ihre Vision durch die neue Lösung Realität wird.
- Um Entwicklern die relevanten Anforderungen der Benutzung näherzubringen und zu zeigen, warum gewisse Entscheidungen getroffen wurden.
- Um Benutzern im Rahmen einer Ausbildung einen Überblick über das System zu geben.
- Für Projektmarketing bei Auftraggebern, Geschäftsleitung und Benutzern.

Die Realität in den Workshop holen

Storyboards sind ein ausgezeichnetes Mittel, um die Realität der Anwendung in einen Workshop einzubringen. Die Teilnehmer diskutieren basierend auf der erzählten Geschichte über Annahmen, reflektieren Unterschiede zur heutigen Situation und klären Missverständnisse an realen Beispielen.

Ein User Interface Storyboard kann als Grundlage für eine angeregte Diskussion mit Fachvertretern und Benutzern dienen. Diese können so die Konsequenzen für ihre Tätigkeit abschätzen und die beste Lösung wählen.

Varianten und verwandte Techniken

Storyboards können in den unterschiedlichsten Varianten verwendet werden und der Kreativität sind wenig Grenzen gesetzt:

- Mit drei bis fünf handgezeichneten Bildern und wenigen Worten lässt sich eine Produktidee sehr anschaulich darstellen. Das Team kann Situationen für ein Storyboard auch selber nachstellen, fotografieren und so das Storyboard noch lebensechter gestalten.
- Aufwändiger aber auch eindrucksvoller sind Videoprototypen: Anstatt eine Bildergeschichte zu erstellen, dreht das Team ein kurzes, aussagekräftiges und oft auch unterhaltsames Video.
- Für Detaildiskussionen eignen sich User Interface Storyboards. Sie zeigen die detaillierte Interaktion mit dem geplanten Produkt entlang eines Szenarios. Das Team verwendet dazu Skizzen oder ausgereifte Darstellungen des vorgesehenen User Interfaces. Auch komplexere Abläufe lassen sich anhand solcher Storyboards bereits sehr anschaulich diskutieren.

Eine empfehlenswerte Lektüre ist „Sketching User Experiences" [Buxton et al. 12].

In Kürze

Methode	Storyboards
Resultate	Anwendung des neuen Systems aufgezeigt
	Akzeptanz bei Auftraggebern und Benutzern erzeugt
	Feedback zu Ideen und Entscheiden erhalten
	Kontext an das Projektteam kommuniziert
Vorgehen	Abläufe aus Benutzersicht aus vorhandenen Informationen zusammenstellen und visualisieren. Mit Auftraggebern, Benutzern und Mitgliedern des Projektteams validieren und Änderungen einarbeiten
Aufwand	Pro Storyboard ca. 1–2 PT. Diese Angabe geht davon aus, dass alle notwendigen Grundlagen vorhanden sind
Beteiligte	Analyst erstellt das Storyboard
	Auftraggeber, Benutzer, Software-Architekt, Entwickler geben Feedback
Planung	Früh im Projekt für Projektmarketing bei Sponsoren
	Im Requirements Engineering, um Feedback einzuholen
	In späteren Phasen zur Einführung und Ausbildung

4.4   Kritzeln für Fortgeschrittene: UX Prototyping

User Experience Prototyping (**UX Prototyping**) wird eingesetzt, um Produkte und Aspekte der Benutzerschnittstelle zu entwerfen, zu evaluieren und zu verbessern, noch bevor ein lauffähiges System vorhanden ist. Weil dabei oft einfachste Werkzeuge wie beispielsweise Papier und Bleistift zum Einsatz kommen, spricht man auch von **Lo-Fi Prototyping** (von englisch *Low Fidelity:* geringe Wiedergabetreue).

Dimensionen eines Prototyps

Abhängig vom Ziel, das verfolgt wird, können unterschiedliche Arten von Prototypen zum Einsatz kommen. Um den geplanten Prototyp näher zu charakterisieren, lassen sich die folgenden Dimensionen unterscheiden:

- *Funktionsumfang:* Welche der vorgesehenen Funktionen sollen im Prototyp gezeigt werden? Sind dies ausgewählte Ausschnitte, oder geht es darum, den gesamten Umfang darzustellen?
- *Funktionstiefe:* Wie detailliert sollen die einzelnen funktionalen Elemente wiedergegeben werden? Sollen beispielsweise mehrstufige Berechnungen nur angedeutet werden, oder sind die Zwischenschritte und ihre Resultate entscheidend?
- *Darstellungstreue:* Wie ähnlich soll der Prototyp dem Endprodukt in Bezug auf Aussehen der Benutzeroberfläche (Look&Feel) sein? Abb. 4.8 zeigt unterschiedliche Ausprägungen bezüglich Darstellungstreue.
- *Interaktivität:* Wie interaktiv soll der Prototyp sein? Braucht es lauffähige Beispiele, um komplexe Abläufe wiederzugeben, oder genügen statische Darstellungen der Benutzerschnittstelle?

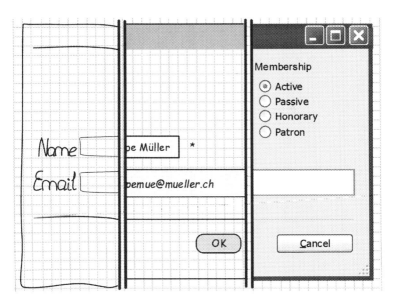

Abb. 4.8 Unterschiedliche Ausprägungen von Prototypen bezüglich Darstellungstreue. *Links:* einfache Handskizze. Mitte: Drahtmodell (*Wireframe*). *Rechts:* endgültiges Look&Feel

- *Datengehalt:* Sollen reale Daten zum Einsatz kommen, genügen realistische Beispiele oder gar Platzhalter für Bezeichnungen und dargestellte Informationen? Wie relevant ist die dargestellte Menge an Informationen?
- *Technische Reife:* Wie viel der endgültigen User-Interface-Technologie soll im Prototyp verwendet werden? Muss der Prototyp mit der Entwicklungsumgebung der Zielplattform entwickelt werden, oder sind einfache Zeichnungswerkzeuge ausreichend?

Jeder Prototyp stellt einen Kompromiss zwischen notwendigem Aufwand und Zweck dar. Bevor Sie mit UX Prototyping loslegen, sollten Sie sich deshalb im Klaren sein, welche Fragestellungen Sie verfolgen. Daraus lässt sich ableiten, welche Art von Prototyp geeignet ist. Die folgenden Abschnitte beinhalten einige typische Verwendungszwecke.

Produktideen entwickeln und Anforderungen schärfen

Das Team skizziert aufgrund der mittels Contextual Inquiry vor Ort gesammelten Informationen erste Entwürfe der Benutzerschnittstelle mit Papier und Bleistift. Bestehende Formulare und Applikationen geben Auskunft über Begriffe und Daten. Die beobachteten Abläufe zeigen, in welcher Reihenfolge die Benutzer diese Informationen verwenden. Die Entwürfe werden zu einer ersten Simulation der Benutzerschnittstelle zusammengestellt und mit den Benutzern ausprobiert.

Man spricht bei Attrappen wie im obigen Beispiel auch von **Mock-ups**. Mit Mock-ups können Benutzer bereits konkrete Fälle durchspielen und diskutieren. Dabei geht es nicht darum, das System zu entwerfen, sondern Lösungsideen mit einem einfachen Hilfsmittel erfahrbar zu machen. Abb. 4.9 zeigt ein Beispiel eines solchen Mock-ups. Das Projektteam deckt dabei Bedürfnisse der Benutzer auf, klärt fachliche Missverständnisse und vertieft die Anforderungen:

- Notwendiger Informationsgehalt,
- Passende Funktionen und Abläufe,
- Einbettung in die Geschäftsprozesse,
- Datenaustausch mit anderen Systemen und Applikationen,

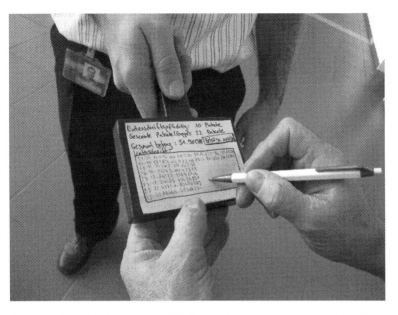

Abb. 4.9 Eine einfache Attrappe („Mock-up") eines geplanten neuen mobilen Scanners für die Paketzustellung macht das Gerät bereits in einer frühen Konzeptphase erlebbar

- Darstellung von Tabellen, Grafiken, Funktionen usw.
- Wichtige Details der Benutzerschnittstelle.

Die Benutzerschnittstelle konzipieren

Eine der zentralen Aufgaben eines nutzerorientierten Vorgehens ist es, ein für die Aufgaben der Benutzer und das angestrebte Nutzungserlebnis geeignetes **User-Interface-Konzept** zu erarbeiten. Dabei geht es darum, die Grundsätze der Benutzerschnittstelle festzulegen. Wie bewegen sich die Benutzer durch Menüs und Dialoge? Wie wird die Information strukturiert und dargestellt? Muss das System für spezielle Technologien, zum Beispiel für die Bedienung per Touchscreen, optimiert werden?

Als Ausgangslage dienen die erarbeiteten Personas und Szenarien und die vereinbarten Anforderungen. Einfache Prototypen helfen dem User Interface Designer, die Szenarien durchzuspielen und ein geeignetes Konzept auszuarbeiten. Das User-Interface-Konzept sollte schließlich folgende Aspekte beinhalten:

- Grundsätzlicher Aufbau und Screen-Layout,
- Anzeige- und Eingabegeräte,
- Aufteilung und Struktur von Informationen,
- Verwendung und Verhalten von Fenstern,
- Wichtige Bedienelemente,
- Navigation mittels Menüs, Schaltflächen und Links,
- Prüfung von Eingaben und Anzeige von Fehlermeldungen,
- Konzepte für das Speichern von Informationen und Zuständen,
- Rückgängig machen und erneut ausführen,
- Interaktionsprinzipien wie Gesten, direkte Manipulation, Drag&Drop oder Kontextmenüs.

Dabei muss auch die Technologie der Zielplattform berücksichtigt werden, beispielsweise Eingabe- und Ausgabemedien, Betriebssystem, Bildschirmgrößen und Auflösung.

Die Benutzerschnittstelle optimieren

Gerade wenn hohe Anforderungen an Effizienz, Verständlichkeit oder an die Qualität der Arbeitsresultate gestellt werden, gewinnen Details der Benutzerschnittstelle große Bedeutung. Schon eine unglücklich formulierte Bezeichnung kann verhindern, dass Benutzer einen Automaten richtig benutzen können. Eine immer wieder zu bestätigende Warnmeldung wird Vielbenutzer zur Weißglut treiben, und eine umständliche Navigation verlangsamt die Arbeit.

Ein User Interface Designer sollte deshalb kritische Ausschnitte der Benutzerschnittstelle mittels Prototypen umsetzen und mit Benutzern evaluieren (vergleiche Abschn. 4.7). Im Folgenden einige wesentliche Fragestellungen:

- Erlaubt die Benutzerschnittstelle flüssiges Arbeiten?
- Gibt es Hürden oder Stolpersteine für Personen, die das System zum ersten Mal benutzen?
- Ist die Navigation effizient?
- Finden Benutzer die gewünschte Information?
- Werden Warnmeldungen bemerkt und richtig interpretiert?
- Passt die Benutzerschnittstelle zu den Details der Arbeitsabläufe und Tätigkeiten?

Kritische Funktionen sollten mit einer realistischen Menge echter Daten hinterlegt sein. Damit können Benutzer ausgewählte Fälle durchspielen und die Benutzerschnittstelle auf ihre Tauglichkeit beurteilen.

Für gutes Aussehen sorgen

Moderne Produkte und Benutzeroberflächen überzeugen auch durch ein ästhetisches Design. Designer arbeiten mit Prototypen, um sich verschiedene Varianten vor Augen zu führen und die Details der Gestaltung auszuarbeiten. Ein zentraler Punkt dabei ist, Funktionalität und Ästhetik zu verbinden. User Interface Designer werden sich deshalb zu folgenden Punkten Gedanken machen:

- Emotionale Wirkung des Produktes,
- Bildsprache und Symbolik,
- Farben und Kontraste,
- Textgestaltung und Schriften,
- Anordnung und Abstände der Elemente,
- Animationen und flüssige Übergänge,
- Form, Wirkung und Haptik physischer Bedienelemente.

Für solche Betrachtungen ist im Regelfall ein Werkzeug notwendig, das eine grafische Gestaltung der Bedienelemente ermöglicht. Zahlreiche Grafikprogramme bieten die häufigsten Bedienelemente moderner Benutzeroberflächen als vordefinierte Schablonen an und erlauben gleichzeitig, schnell und detailliert zu gestalten.

Das User Interface spezifizieren

Mit einem User-Interface-Prototyp können viele Aspekte der Benutzer-schnittstelle auf anschauliche Weise festgehalten werden. Gerade in agi-len Entwicklungsteams, die eine leichtgewichtige Dokumentation bevor-zugen, kann das Projektteam viele Ergebnisse einer Diskussion mit UI-Skizzen für die spätere Entwicklung festhalten. Im Rahmen der Spezifi-kation kann ein Prototyp für folgende Zwecke eingesetzt werden:

- Illustration des Funktionsumfangs,
- Verdeutlichung der Funktionsweise,
- Spezifizieren der User-Interface-Elemente,
- Aufzeigen der Navigation und Interaktion,
- Visualisierung der geplanten Lieferung,
- Abschätzung des Realisierungsaufwands durch die Entwickler.

In der Regel sind im Rahmen der User-Interface-Spezifikation die Dar-stellung des Funktionsumfangs und für ausgewählte Aspekte auch eine realistische Funktionstiefe gefordert. Eine gewisse Interaktivität ist eben-falls hilfreich, da so verschiedene Zustände der Benutzerschnittstelle vi-sualisiert werden können.

Tab. 4.4 fasst die beschriebenen Verwendungszwecke und die dafür not-wendigen Dimensionen für die Erstellung von Prototypen zusammen.

Paper Prototyping

Leider sind wir Erwachsenen der Ansicht, dass Zeichnen nur etwas für Kinder oder Künstler ist, jedoch keine seriöse und ernsthafte Tätigkeit. In diesem Abschnitt möchten wir in aller Deutlichkeit darstellen: Zeichnen ist eine Notwendigkeit! Der Entwurf eines ersten Prototyps mit Papier und Bleistift hat verschiedene Stärken:

- Praktisch alle Personen können damit umgehen.
- Einfache Skizzen sind schnell erstellt und angepasst.

Tab. 4.4 UX-Prototypen können je nach Verwendungszweck unterschiedliche Dimensionen des geplanten Produkts und der Benutzerschnittstelle darstellen

Zweck	Dimensionen
Produktidee entwickeln	Funktionsumfang: Kernfunktionen erlebbar machen
	Geringe Funktionstiefe
	Technische Reife und Darstellungstreue sind eher kontraproduktiv
Anforderungen schärfen	Funktionsumfang mit realistischen Daten darstellen
Benutzerschnittstelle konzipieren	Mittlere Darstellungstreue
	Ausgewählte Funktionen im Detail
	Teilweise interaktiv
Benutzerschnittstelle optimieren	Hohe Darstellungstreue
	Interaktiv für ausgewählte Funktionen
	Oft reale Daten notwendig
	Oft hohe technische Reife notwendig
Für gutes Aussehen sorgen	Hohe Darstellungstreue
User Interface spezifizieren	Funktionsumfang und -tiefe sind mittel bis hoch
	Mittlere Interaktivität

- Es wird weniger Zeit für Details aufgewendet als mit Grafikprogrammen.
- Es sind keine technischen Hilfsmittel notwendig.
- Auch nicht standardisierte Bedienelemente sind schnell skizziert.
- Mehrere Personen können gemeinsam arbeiten.
- Einen Papier-Prototyp zu zerknüllen und wegzuwerfen, fällt leicht.

Aus diesen Gründen arbeitet beispielsweise ein Projektteam bei der Bedürfnisanalyse effizienter mit Papier und Bleistift als mit elektronischen Werkzeugen. Papier-Prototypen sind auch gut geeignet, um im Rahmen von Interviews und Workshops aufkommende Ideen zu visualisieren.

Ein weiterer wichtiger Punkt ist, dass Mock-ups auf Papier und elektronische Prototypen nicht die gleiche Wirkung haben. Papier-Prototypen signalisieren durch ihre Skizzenhaftigkeit, dass noch viel offen ist und auch über Grundsätzliches diskutiert werden kann. Entsprechend lässt sich gezielter über Abläufe und den konzeptionellen Aufbau diskutieren. Bei einem endgültig aussehenden Prototyp gehen hinzugezogene Personen eher davon aus, dass das Grobkonzept bereits feststeht und nur noch an den Details gefeilt werden soll. Eine umfassende Übersicht zum Thema bietet das Buch *Paper Prototyping* [Snyder 03].

Iteratives Vorgehen

UX Prototyping ist ein iterativer Prozess. Auf das Wesentliche reduziert stellt dies Abb. 4.10 dar. Das Projektteam erstellt aufgrund der Anforderungen einen ersten Prototyp des geplanten Produkts oder Systems. Dieser hilft bei der weiteren Optimierung des Produkts und Präzisierung der Anforderungen, beispielsweise im Rahmen von Usability-Tests, Walkthroughs (mehr dazu in Abschn. 4.7), Workshops oder Reviews.

Im Folgenden eine vereinfachte Schritt-für-Schritt-Anleitung aus der Praxis:

- Schritt 1: Die genaue Fragestellung für die anstehende Iteration festlegen, z. B. prüfen einer Produktidee, testen einer Design-Hypothese, vertiefen eines schwierigen Aspekts oder analysieren eines Produktrisikos.
- Schritt 2: Eine konkrete Anwendungssituation definieren, für welche das Produkt eine Lösung bietet und die der Beantwortung der Fragestellung dient.
- Schritt 3: Geeignete Benutzertypen festlegen und deren Ziele beschreiben (z. B. in Form von Personas): ihre Beweggründe, ihre Werte und ihre Träume.

Abb. 4.10 Prototypen dienen der Evaluation von Anforderungen in einem iterativen Vorgehen

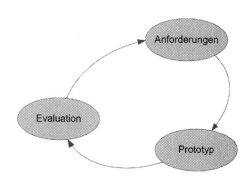

- Schritt 4: Eine plausible Geschichte entwickeln, wie sich die Benutzer mit dem neuen Produkt verhalten werden, Schritt für Schritt, z. B. in einem Szenario.
- Schritt 5: Den Prototyp entlang dieses Szenarios entwickeln bzw. verfeinern.
- Schritt 6: Den Prototyp und das gewählte Szenario mit Benutzern aus der Zielgruppe evaluieren und überarbeiten.

Einige gängige Prototyping Tools

User-Interface-Prototypen können mit verschiedenen Werkzeugen erstellt werden. Tab. 4.5 gibt eine Übersicht der Verwendungszwecke. Abb. 4.11 zeigt als Beispiel ein mit Just-in-mind Prototyper® erstelltes

Tab. 4.5 Übersicht verschiedener Arten von Prototyping Tools

Tool	Verwendung
Papier & Bleistift, Whiteboard, Folien	Diese Mittel eignen sich besonders in Workshops und Interviews, sowie für explorative Skizzen
Office-Anwendungen *Microsoft Powerpoint, Apple Keynote*	Mit wenig Aufwand können damit erste Interaktionen erstellt werden
Bildbearbeitungsprogramme *Adobe Photoshop*	Volle Kontrolle über die grafische Gestaltung
Grafikprogramme *OmniGraffle, Microsoft Visio, Adobe Fireworks*	Bieten vordefinierte Schablonen der gängigen Bedienelemente. Damit lassen sich schnell gut und echt aussehende Mock-ups erstellen
UI Prototyping-Werkzeuge *Axure RP, Balsamiq Mockups, Just-in-mind Prototyper* und viele mehr	Speziell für Prototyping entwickelt, unterstützen diese Werkzeuge den Designprozess von der interaktiven Skizze bis zur Umsetzung auf der Zielplattform
Multimediawerkzeuge *Adobe Director, Adobe Flash*	Insbesondere für interaktive Prototypen mit hohen Design-Anforderungen oder Animationen
Programmierwerkzeuge, HTML-Editoren, Entwicklungswerkzeuge *Microsoft Expression Blend, Adobe Flex*	Interaktive Prototypen mit größeren Datenmengen und komplexerem Verhalten

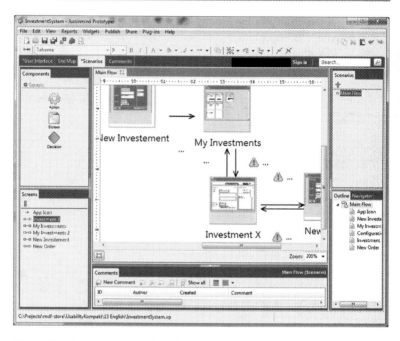

Abb. 4.11 Mit einem Prototyping Tool lässt sich ein einfacher interaktiver Prototyp auch ohne Programmierkenntnisse zusammenstellen

GUI. UI-Prototyping-Werkzeuge wie dieses ermöglichen auch, interaktive Prototypen zu erstellen.

Anwendung im agilen Umfeld

- Im agilen Umfeld dienen Prototypen als leichtgewichtige Spezifikation, zur Klärung von Anforderungen vor der Iteration, zur Konzipierung und Optimierung des User Interfaces und um eine ästhetische Gestaltung zu erreichen. Wireframes dienen zur Ergänzung der User Stories und um Details der Benutzerschnittstelle für die Entwicklung festzuhalten. Dieser Schritt findet typischerweise vor jeder Iteration statt.

- Um zielführende Lösungsansätze zu identifizieren und Feedback der Benutzer zu erhalten, ist es hilfreich, wenn das Team in den ersten Iterationen verschiedene Lösungsvarianten als UX-Prototypen umsetzt und ein gemeinsames Verständnis im Team bezüglich UI-Konzept, Navigation, Informationsarchitektur, Eingabemodalitäten und Layout aufbaut.

Darauf sollten Sie achten

- UX Prototyping ist eine iterative Tätigkeit. Investieren Sie nicht zu viel Zeit in die Perfektionierung, bevor Sie Feedback einholen.
- Es lohnt sich, ein Werkzeug zu wählen, mit dem ohne großen Aufwand verschiedene Varianten ausgearbeitet und Änderungen umgesetzt werden können. Häufig wird zu früh auf Programmierwerkzeuge für die Erstellung von Prototypen gesetzt.
- Bei Geräten sollten Prototypen die Software in Kombination mit der Hardware zeigen. Anzahl, Größe und Anordnung von Bedienelementen beeinflussen das Bedienkonzept maßgeblich.
- Effizientes Prototyping erfordert die Kombination verschiedener Kompetenzen (z. B. Domänenwissen, Gestaltungskompetenz und Entwicklungskompetenz). Je besser es einem Team gelingt, diese Fähigkeiten zu kombinieren, desto erfolgreicher wird die Lösung sein.
- Erst die Anwendung im realen Umfeld zeigt, wie praxistauglich ein Produkt wirklich ist. Mit UX Prototyping kann diese Realität teilweise erzeugt werden, um Feedback zu erhalten. Wägen Sie ab: Welche Fragestellungen lassen sich mittels Prototyping beantworten und für welche benötigen Sie eine erste Produktversion? Je komplexer und kritischer die Anwendung, desto eher sollten mit Prototypen vor der Implementierung weitere Erkenntnisse gesammelt werden. Je komplexer und neuer das Umfeld, umso wichtiger ist das Feedback der Benutzer aus dem realen Einsatz.

In Kürze

Methode	UX Prototyping
Resultate	Neue Produktideen exploriert
	Anforderungen evaluiert
	Konzept der Benutzerschnittstelle erarbeitet
	Benutzerschnittstelle optimiert
Vorgehen	Erstellen von Prototypen und Evaluieren mit Benutzern
Aufwand	Der Aufwand hängt sehr stark vom Zweck des Prototyps ab. Einige Größenordnungen für die Erstellung
	– Papier: Minuten bis Stunden
	– Visio, UI-Prototyping-Werkzeuge: Stunden bis Tage
	– Photoshop: Tage bis Wochen
	– Entwicklungstools: Tage bis Monate
Beteiligte	Analyst, um erste Ideen zu evaluieren
	Interaction Designer, um Funktionalität, dargestellte Informationen und das Interaktionskonzept zu erarbeiten
	Entwickler, Benutzer, Auftraggeber geben Feedback
Planung	In den frühen Phasen eines Projekts, um Ideen zu konkretisieren, Anforderungen zu erheben und Feedback zu erhalten
	Während der eigentlichen Spezifikation, um die Details der Benutzerschnittstelle zu erarbeiten und zu evaluieren

4.5 In die Entwicklung tragen: Use Cases und User Stories

Anwendungsfälle (*Use Cases*) stammen aus dem Software Engineering und sind ein verbreitetes Instrument zur Spezifikation technischer Systeme. Im agilen Umfeld (vergleiche Abschn. 3.1 „Hintergrund: agile Software-Entwicklung") haben sich **User Stories** anstelle der Use-Case-Modellierung etabliert.

In der Usability- und UX-Literatur findet sich zum Thema Use Cases und User Stories eher wenig. Dies mag überraschen, da mittels dieser Techniken das Verhalten eines Systems aus Benutzersicht dargestellt wird. Die Abläufe, die ein Benutzer später mit dem System erlebt, werden zu einem großen Teil von den spezifizierten Anwendungsfällen oder User Stories bestimmt. Deren Entwurf hat für die User Experience eines Systems daher eine zentrale Bedeutung. Auch wenn Use Cases und User Stories keine nutzerorientierten Methoden im engeren Sinn darstellen, haben wir uns aus oben genannten Gründen entschieden, sie in unsere Sammlung der wichtigsten Methoden aufzunehmen.

Use Cases

Use Cases beschreiben die (geplanten) Funktionen eines Systems und damit dessen Verhalten gegenüber der Außenwelt. Eine große Stärke von Use Cases ist, dass diese die Funktionsvielfalt aus Benutzersicht in zusammengehörige Einheiten aufbrechen und Schritt für Schritt näher definieren. Ein weiterer Vorzug von Use Cases ist die Beschreibung in natürlichsprachlicher Form, die im Verlauf der Entwicklung für alle Beteiligten verständlich bleibt.

Um eine bestimmte Funktion darzustellen, verwendet das Projektteam sogenannte **Akteure** (*Actors*), die mit dem System in Interaktion treten. Akteure verkörpern dabei die Rollen von Benutzern oder anderen Systemen. Der Anwendungsfall selbst beschreibt den funktionalen Ablauf mit dem System aus Sicht des Akteurs. Soll beispielsweise eine Anwendung zur Buchbestellung im Internet beschrieben werden, dann wäre der Kunde, der das Buch bestellt, ein Akteur, die Bestellung eines Buches ein Anwendungsfall, die Verfolgung der Bestellung ein zweiter, die Bewertung eines Buches ein dritter usw. Dabei sollte ein Anwendungsfall immer eine aus Sicht des Akteurs abschließende Handlung umfassen.

Die Akteure und Anwendungsfälle eines Systems können in einem *Use-Case-Modell* repräsentiert werden. Das Projektteam modelliert damit im Rahmen der Anforderungsanalyse die Funktionsweise des Systems. Das System selbst wird dabei zunächst von außen als Blackbox betrachtet, d. h. es wird noch nicht beschrieben, wie das Verhalten zustande kommt. Die einzelnen Interaktionsschritte jedes Anwendungsfalls werden in einem zweiten Schritt beschrieben und dienen zur Spezifikation für die Entwicklung. Die Anwendungsfälle verkörpern somit das funktionale Verhalten eines Systems. Das Use-Case-Modell lässt sich in Form eines *Use-Case-Diagramms* auch grafisch darstellen. Ein solches Use-Case-Diagramm dient als Übersicht über die Funktionen des Systems und seiner Schnittstellen zur Außenwelt. Abb. 4.12 zeigt ein Beispiel eines Use-Case-Diagramms in der UML-Notation.

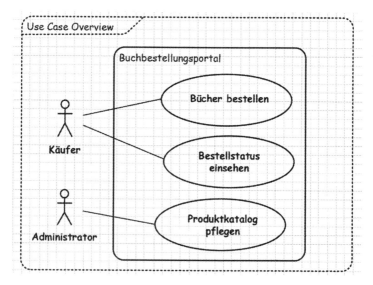

Abb. 4.12 Ein Use-Case-Diagramm eignet sich als Funktionsübersicht einer geplanten Anwendung

Use Case 3: Bestellstatus einsehen

Akteure: Käufer
Vorbedingungen: Käufer ist im Portal angemeldet
Nachbedingungen: keine

Hauptablauf – Lieferung per Post
1. Das System listet die noch nicht abgeschlossenen Bestellungen des Akteurs auf. Für jede Bestellung zeigt das System Bestelldatum, den Titel des ersten Buches, die Anzahl bestellter Bücher und den Lieferstatus an.
2. Der Akteur wählt eine Bestellung aus.
3. Das System zeigt den Bestellstatus sowie den Lieferstatus pro Buch an. Das System stellt dar, welche Bücher zusammen geliefert werden.

Alternativer Ablauf 1: Abholung im Laden
3.1 Das System stellt zusätzlich dar, welches Buch in welcher Filiale abholbereit ist und bis wann der Akteur die Bücher abgeholt haben muss.

Abb. 4.13 Die Use-Case-Spezifikation zeigt, wie ein Akteur mit dem System interagiert

In der **Use-Case-Spezifikation** wird ein Anwendungsfall detailliert beschrieben (siehe Abb. 4.13). Die Schritte in der Interaktion zwischen Akteur und System werden aufgeführt. Neben dem „Schönwetterfall" berücksichtigt das Projektteam hier auch alternative Abläufe und Fehlerfälle.

Bei der Ausformulierung eines Anwendungsfalls sollten noch keine technischen Details beschrieben werden. Ein häufiger Fehler ist, dass in Use-Case-Spezifikationen Details der Benutzeroberfläche vorweggenommen werden. Dies ist aus zweierlei Gründen nicht sinnvoll: Der beschriebene Ablauf kann unter Umständen mit einem alternativen Interaktionskonzept besser umgesetzt werden als zunächst angenommen. Weiter erschwert eine zu starke Detailtiefe die Pflege und Anpassung der Anwendungsfälle bei Änderungen. Es ist deshalb weitaus besser, neben der Use-Case-Spezifikation einen User-Interface-Prototyp oder ein Sto-

ryboard zu erstellen, das die Abläufe mit der konkreten Benutzerschnittstelle verdeutlicht. Mittels eines solchen Prototyps kann ein Projektteam
die Entwürfe mit Auftraggebern und Benutzern verifizieren und verfeinern. Ergänzend können auch Ablaufdiagramme für die Darstellung der
einzelnen Schritte verwendet werden.

Die Spezifikation muss schließlich von zwei ganz unterschiedlichen
Parteien verstanden werden können: dem Auftraggeber und den Entwicklern. Anwendungsfälle sollten deshalb sowohl formal korrekt als
auch verständlich sein. Eine praktische Hilfestellung für die Formulierung guter und verständlicher Anwendungsfälle bietet [Cockburn 03].

Hintergrund: Funktionale und nicht-funktionale Anforderungen
Im Anforderungsmanagement wird zwischen funktionalen und nicht-funktionalen
Anforderungen unterschieden:
Funktionale Anforderungen betreffen, wie der Name sagt, jene Aspekte, die mit
dem Funktionsangebot des geplanten Systems zusammenhängen. Ein Buchbestell-
system kann beispielsweise Funktionen zum Suchen, Bestellen und Bewerten eines
Buches anbieten. Die Abläufe, die für das Bestellen eines Buches notwendig sind,
können etwa mit Use Cases oder User Stories näher beschrieben werden.
Nicht-funktionale Anforderungen umfassen sämtliche geforderten Qualitätsaspek-
te und Rahmenbedingungen. Im Beispiel muss das Buchbestellsystem bestimmten
Anforderungen bezüglich Verfügbarkeit, Antwortzeiten, Ausfallsicherheit usw. genügen. Nicht-funktionale Anforderungen spielen ebenfalls eine wesentliche Rolle für
das Nutzererlebnis eines Systems und haben Auswirkungen auf die verwendete Technologie und Software-Architektur. Auch bezüglich Usability können nicht-funktionale Aspekte festgelegt werden, etwa im Hinblick auf die geforderte Effizienz für die
Benutzer. In unserem Beispiel: Die Suche und Bestellung eines bestimmten Buches
soll für 90 % der Benutzer in weniger als fünf Minuten möglich sein.

Die Überlegung, technische Details in Anwendungsfällen noch weitgehend auszuklammern, führte zum Konzept der **Essential Use Cases**
[Constantine et al. 99]. Dabei wird versucht, in der Beschreibung von
Anwendungsfällen nur die Interaktion mit dem System als solche auszudrücken und von deren technischen Umsetzung konsequent zu trennen.
Damit soll vermieden werden, dass zu früh auf eine – eventuell nicht optimale – technische Lösung eingeschwenkt wird. Das Beispiel in Tab. 4.6
zeigt einen einfachen Essential Use Case für ein Bücherbestellsystem.

Tab. 4.6 Ein Essential Use Case zeigt den Ablauf der vorgesehenen Benutzerinteraktion ohne Informationen zur technischen Umsetzung

Essential Use Case: ein Buch einer Bestellung zufügen	
Absicht des Benutzers	Verantwortlichkeit des Systems
	Präsentiert Suchdialog
Führt Suche aus	
	Präsentiert passende Bücher
[Optional] informiert sich über Buch	
	Präsentiert Details zum Buch
Fügt Buch zur Bestellung hinzu	
	Bestätigt Abschluss

User Stories

User Stories haben sich im agilen Umfeld (vergleiche Abschn. 3.1 „Hintergrund: agile Software-Entwicklung") anstelle der ausführlicheren Use-Case-Spezifikationen etabliert. Die beiden Techniken muten im ersten Augenblick sehr ähnlich an. Wie ein Use Case beschreibt auch eine User Story eine Funktion aus Sicht der Benutzer. Der Titel eines Anwendungsfalls mit dem Akteur „Käufer" lautet beispielsweise „Bücher bestellen". Eine User Story im selben Kontext könnte lauten: „Als unangemeldeter Benutzer kann ich ein Buch in den Warenkorb legen, um dieses später zu bestellen".

Tatsächlich gründen die Unterschiede der beiden Techniken im Verwendungszweck. Use Cases werden eingesetzt, um das Verhalten des künftigen Systems zu vereinbaren und festzuhalten. Basierend auf diesen Anforderungen soll das System entwickelt und getestet werden. Typischerweise stehen formelle Vorlagen für die Dokumentation der Use Cases zur Verfügung.

User Stories dagegen halten lediglich eine Kommunikationsabsicht fest. Wenn das Projekt soweit ist, soll die User Story mit den richtigen Personen detailliert diskutiert und vereinbart werden. Allen Beteiligten soll klar sein, was für welchen Zweck implementiert wird, wie es getestet und abgenommen wird. User Stories können zu Beginn grobgranular sein, werden im Verlauf des Projekts jedoch in neue, feinere aufgebro-

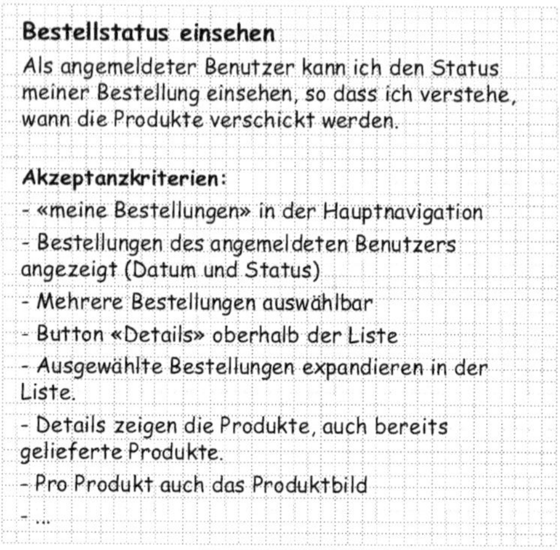

Abb. 4.14 Eine User Story
steht für eine Kommuni-
kationsabsicht: Vor der
Umsetzung wird die geplante
Funktion noch im Detail diskutiert und falls notwendig,
die User Story aufgeteilt

Bestellstatus einsehen
Als angemeldeter Benutzer kann ich den Status
meiner Bestellung einsehen, so dass ich verstehe,
wann die Produkte verschickt werden.

Akzeptanzkriterien:
- «meine Bestellungen» in der Hauptnavigation
- Bestellungen des angemeldeten Benutzers
angezeigt (Datum und Status)
- Mehrere Bestellungen auswählbar
- Button «Details» oberhalb der Liste
- Ausgewählte Bestellungen expandieren in der
Liste.
- Details zeigen die Produkte, auch bereits
gelieferte Produkte.
- Pro Produkt auch das Produktbild
- ...

chen. Abb. 4.14 zeigt ein Beispiel einer User Story mit bereits vereinbarten Akzeptanzkriterien.

Das Ziel ist, dass mehrere User Stories in einer Iteration vollständig implementiert werden können. User Stories bedingen die direkte und
zeitnahe Kommunikation zwischen den Beteiligten. Das Team hält Details entsprechend mit Stichworten, Skizzen der Benutzerschnittstelle,
einfachen Szenarien und so weiter fest. Agile Teams verwenden auch
Personas bei der Formulierung von User Stories und schlagen so die
Brücke zwischen Benutzeranforderungen und Entwicklung. Für weiterführende Informationen zu User Stories siehe auch [Wirdemann 11] oder
[Cohn 04].

Woher kommen die Akteure?

Akteure und Anwendungsfälle werden typischerweise in *Use Case
Workshops* mit Auftraggebern, Fachstellen und Benutzern erarbeitet.
Die Schwierigkeit dabei ist, dass Akteure keine realen Benutzer, sondern
Rollen darstellen, die mit dem System interagieren. Ein häufiger Fehler
ist, dass die Akteure so weit verallgemeinert werden, dass der Bezug zur

Realität verloren geht. Dies kann dazu führen, dass wichtige Bedürfnisse vergessen oder Anforderungen unterschiedlicher Benutzergruppen in einem einzigen Akteur vereinigt werden. In der Folge werden Anwendungsfälle konstruiert, die eine Vermischung von Funktionen beinhalten und besser klar getrennt würden; mit dem Resultat, dass die so spezifizierten Abläufe für die tatsächlichen Benutzer in der realen Anwendung später nicht geeignet sind.

Besser ist es, ein Use-Case-Modell aufgrund der Ergebnisse aus der Analyse von Benutzern und Kontext zu erstellen. Contextual Inquiry, Interviews oder vergleichbare Methoden, mit denen die Verantwortlichkeiten und Tätigkeiten der Benutzer aufgenommen werden, sind eine wichtige Voraussetzung dafür.

User Story Mapping

Eine *User Story Map* stellt im agilen Sinne einen Backlog dar, in welchem User Stories priorisiert, weiter verfeinert und mit zusätzlichen Informationen versehen werden können (zum Beispiel geschätzter Aufwand, Stand der Umsetzung usw.). Die Methode wurde von Jeff Patton entwickelt und wird in seinem Buch [Patton 14] beschrieben.

In einer User Story Map werden User Stories – in der Regel in Form von Kärtchen – an eine Wand gehängt und in zwei Dimensionen platziert (siehe Abb. 4.15). Typischerweise wird die Nutzung des Produkts als grober Ablauf in Schritten von links nach rechts dargestellt, von oben nach unten die Priorität der einzelnen User Stories. Die gesamte Story Map repräsentiert dabei die zu entwickelnden Funktionen des Produkts und dient als Basis für die Release-Planung. Die Stärke einer User Story Map liegt darin, dass die einzelnen User Stories auf diese Weise zueinander in Bezug gesetzt werden und die gesamte Anwendung jederzeit sichtbar bleibt.

Ähnlich zu einem Anwendungsszenario (siehe Abschn. 4.2) stellt eine User Story Map die Nutzung eines Systems oder Produkts ebenfalls als zeitlichen Ablauf dar. User Story Mapping schlägt so eine nützliche Brücke zwischen UX und Entwicklung.

Abb. 4.15 Eine User Story Map zeigt die User Stories in Zusammenhang mit dem Gesamtablauf

Use Cases oder Szenarien?

Akteure und Anwendungsfälle sind konzeptionell verwandt mit Personas und Szenarien (siehe Abschn. 4.2). Beides sind Methoden zur Modellierung und Beschreibung der vorgesehenen Interaktionen mit dem System. Dennoch gibt es einige wesentliche Unterschiede (vergleiche Tab. 4.7):

- Akteure definieren Rollen, die mit dem System interagieren. Personas hingegen charakterisieren prototypische Benutzer und fokussieren auf die Eigenschaften unterschiedlicher Benutzergruppen.
- Anwendungsfälle halten einen bestimmten Teil des Systemverhaltens für die Entwicklung fest. Sie generalisieren über die verschiedenen Möglichkeiten der Nutzung. Szenarien dagegen beschreiben konkrete Beispiele der Systemnutzung und illustrieren die Anwendung im realen Kontext.

Tab. 4.7 Gegenüberstellung von Personas und Szenarien mit den Elementen der Use-Case-Technik (Akteure und Anwendungsfälle)

Methode	Format	Ziel
Akteur	Rollenbeschreibung	Gruppierung zusammengehöriger funktionaler Abläufe
Persona	Prototypischer Benutzer	Charakterisierung unterschiedlicher Benutzergruppen
Anwendungsfall	Beschreibung des Systemverhaltens	Spezifikation des funktionalen Verhaltens für die Entwicklung
Szenario	Konkretes Beispiel der Systemnutzung	Beschreibung der Anwendung im realen Kontext

Realistische Personas und Szenarien, die aufgrund von Benutzeranalysen erstellt wurden, bilden eine ausgezeichnete Grundlage für den Entwurf eines Use-Case-Modells oder die Erstellung einer User Story Map. Im Verlauf des Projekts detailliert und komplettiert das Team das gesamte funktionale Verhalten des Systems.

Denkanstoß

Stellen Sie sich ein System zum Bestellen von Büchern vor. Denken Sie sich den Akteur „Besteller" und den Use Case „Buch bestellen". Nun stellen Sie sich Ruth vor. Sie ist Mitarbeiterin einer wissenschaftlichen Bibliothek und ordert am Montag 219 Neuerscheinungen über dieses Bestellsystem. Wie unterscheidet sich ein solches Bestellsystem von jenem, das Lara verwendet, um den neusten Roman ihres Lieblingsautors zu bestellen?

Ein Analyst, der eine Spezifikation für ein neues System schreibt, untersucht verschiedene einzelne Situationen und generalisiert die erhaltenen Informationen zu einem abstrakten Modell. Haben Leser der Spezifikation allerdings nur dieses abstrakte Modell zur Verfügung, können sie die konkreten Einzelfälle und deren Unterschiede nicht herleiten. Denn diese Informationen sind in der Abstraktion nicht mehr enthalten. Szenarien hingegen sind hervorragende Instrumente, um Zusammenhänge oder Abläufe aufzuzeigen (vergleiche Abschn. 4.2 „Hintergrund: Die Macht

des guten Beispiels"). In den meisten Fällen ist es bereits hilfreich, wenige stellvertretende Beispiele – etwa einen typischen Arbeitsablauf eines
typischen Benutzers – möglichst realitätsnah in Form eines Szenarios
wiederzugeben.

Anwendung im agilen Umfeld

- Es werden nur jene Anforderungen im Detail ausgearbeitet, die in
  kommenden Iterationen realisiert werden. User Stories unterstützen
  diesen Prozess. Funktionen, deren Umsetzung erst in späteren Iterationen geplant ist, werden zunächst nur grob aufgenommen und erst
  dann ausgearbeitet und spezifiziert, wenn sie wirklich entwickelt werden sollen.
- User Stories alleine eignen sich hingegen nicht besonders gut dazu, das Wissen über Anforderungen langfristig aufzubewahren, sofern
  dies notwendig oder angebracht ist. Die Dokumentation mittels Use
  Cases, das Festhalten von Entscheidungen, Szenarien mit ergänzen-
  den Kontextinformationen usw. sind dazu besser geeignet.

Checkliste für den Einsatz von Use Cases und User Stories

- Sind die erstellten Akteure in der Realität wiederzufinden? Wurden
  sie auf Basis der Analyse von Benutzern und Kontext erstellt? Wurden
  verschiedene Benutzergruppen berücksichtigt?
- Umfassen die Anwendungsfälle oder User Stories abgeschlossene
  Handlungsabläufe aus Benutzersicht? Entsprechen diese den erarbeiteten Szenarien und tatsächlichen Tätigkeiten der Benutzer?
- Wurde in den Use-Case-Spezifikationen oder User Stories an Alter-
  nativabläufe und das Verhalten bei Fehlerfällen gedacht? Auch diese
  gilt es in einem nutzerorientierten Systemdesign zu berücksichtigen.
- Wurden die Anwendungsfälle sowie alternativen Abläufe mit Angaben zu Dauer und Häufigkeit des Vorkommens ergänzt?

- Beinhalten die Beschreibungen keine technischen Details, die besser in einem User-Interface-Konzept, Storyboard oder Prototyp abgebildet würden?
- Ist bei jedem Schritt im Use Case klar, welche Informationen der Benutzer für seine Aufgabe benötigt?

In Kürze

Methode	Use Cases und User Stories
Resultate	Übersicht über die Funktionen eines Systems
	Beschreibung des Verhaltens des Systems aus Benutzersicht
Vorgehen	Ermitteln von Akteuren und Anwendungsfällen
	Entwurf eines Use-Case-Modells
	Formulieren von User Stories oder Spezifikation der Anwendungsfälle
	Diskussion und Review mit Stakeholdern
Aufwand	Entwurf und Review Use-Case-Modell: 1–3 PT
	Spezifikation stark abhängig vom Projektvorgehen und vom Funktionsumfang des Systems: 10–15 Use Cases: 15–30 PT 20–30 User Stories: 5–10 PT
Beteiligte	Auftraggeber, Analyst, Entwickler
Planung	Im Rahmen der Anforderungsanalyse, im Anschluss an Contextual Inquiry oder bei Vorliegen von Personas und Szenarien

4.6 Normen, Guidelines und Styleguides

It's like a jungle sometimes.
It makes me wonder how I keep from goin' under. (Grandmaster Flash, 1982)

„Gibt es nicht einfach ein paar Richtlinien für gute Usability, damit unser Produkt besser benutzbar wird?"

Ja, ungefähr 77.000. Zumindest ist dies die Anzahl Treffer, wenn man im Internet nach „Usability Guidelines" googelt. Halten Sie also einfach alle relevanten Regeln ein. Genauso wie ein Schriftsteller, der ein Buch schreibt oder ein Architekt, wenn er ein Haus baut. Alles klar?

Verschiedene Arten von Guidelines

Guidelines können bezüglich ihres Verwendungszwecks unterschieden werden. Die folgende Aufzählung erleichtert Ihnen die Einordnung, wenn Sie es mit Regelwerken im Bereich Usability und UX zu tun bekommen:

Gesetzliche Verordnungen: Vorschriften, die in erster Linie den Gesundheitsschutz des Arbeitnehmers beim Umgang mit technischen (Bildschirm-) Geräten bezwecken. Es mag Sie vielleicht überraschen, dass Aspekte der Benutzerfreundlichkeit gesetzlich geregelt sind, eine nachweisbare Missachtung könnte für einen Arbeitgeber allerdings unerfreuliche Konsequenzen haben. Im EU-Raum diesbezüglich relevant ist die Richtlinie 90/270/EWG [EG 90], die unter anderem Vorschriften zu Mindestanforderungen an die Mensch-Maschine-Schnittstelle beinhaltet.

Normen: Nationale oder internationale Normen mit dem Ziel, durch Vorgehens- und Gestaltungsrichtlinien die Entwicklung und Anwendung neuer Technologien zu standardisieren und auf die Benutzer auszurichten. Ein prominentes Beispiel ist die internationale ISO-Normenreihe 9241, die Aspekte zur „Ergonomie der Mensch-System-Interaktion" beschreibt [ISO 96-16]. Die im Teil 210 beschriebene nutzerzentrierte Vorgehensweise haben wir bereits in Abschn. 3.2 vorgestellt. Häufig verwendet werden auch die im Teil 110 definierten sieben Kriterien, die ein benutzerfreundliches Dialogsystem auszeichnen [ISO 06] (siehe Tab. 4.8). Eine weitere wichtige internationale Normenreihe mit Bezug zu Usability und UX ist die ISO/IEC 25000 mit dem Titel „Qualitätskriterien und Bewertung von Softwareprodukten". So werden zum Beispiel in der ISO 25062 ein Standard für Usability-Testberichte [ISO 06-2] (siehe auch Abschn. 4.7) und in der ISO 25064 der Aufbau eines Berichts der Anwenderanforderungen definiert [ISO 13]. In der Medizintechnik sind die Normen DIN EN 60601-1-6 [DIN 16] und DIN EN 62366 [DIN 08] relevant. Das Einbeziehen von Benutzern in den Entwicklungsprozess wird in diesen Normen vorgeschrieben und ist für die Zulassung medizinischer Produkte obligatorisch.

Tab. 4.8 Grundsätze der Dialoggestaltung (DIN EN ISO 9241-110)

Aufgabenangemessenheit	Das System unterstützt die Erledigung der Aufgaben und den Arbeitsablauf der Benutzer
Selbstbeschreibungsfähigkeit	Das System enthält Erläuterungen und ist ausreichend verständlich
Steuerbarkeit	Der Benutzer kann den Dialogablauf beeinflussen
Erwartungskonformität	Erwartungen, Eigenschaften und Gewohnheiten der Benutzer werden unterstützt
Fehlertoleranz	Fehler erfordern keinen oder nur geringen Korrekturaufwand
Individualisierbarkeit	Das System kann an die individuellen Bedürfnisse angepasst werden
Lernförderlichkeit	Das System erfordert einen geringen Lernaufwand und unterstützt das Erlernen neuer Funktionen

Regelsammlungen: mehr oder weniger umfangreiche, meist frei verfügbare Sammlungen von Regeln, um die Entwicklung von User Interfaces zu optimieren. Darunter fallen allgemeine *Usability-Prinzipien,* z. B. Nielsens *Usability Heuristics* [Nielsen 93] sowie konkretere *Usability-und UX-Guidelines* zu einem bestimmten Anwendungsgebiet. So stehen „Dos and Don'ts" für mobile Anwendungen oder „goldene Regeln" für gutes Webdesign zur Verfügung. Diverse Sammlungen sind als Bücher erhältlich, z. B. [Johnson 07].

User Interface Patterns: der Versuch, häufig auftretende oder ähnliche Designprobleme in Mustern zu beschreiben und bewährte Lösungsansätze zu bieten. Mittlerweile sind im GUI-Bereich einige hilfreiche Patterns-Sammlungen zu finden, z. B. [Tidwell 11, Scott et al. 09]. Typischerweise sind die beschriebenen Patterns auf eine bestimmte GUI-Technologie bezogen. Die Abgrenzung zu Elementsammlungen, wie sie häufig in Styleguides verwendet werden, ist in der Praxis deshalb oft nicht eindeutig.

Hersteller- oder plattformabhängige Guidelines: beschreiben das vorgesehene Look&Feel der Applikationen eines bestimmten Betriebssystems mit dem Ziel einer konsistenten Anwendung aller GUI-Elemente wie Eingabefelder, Listboxen, Schaltflächen etc. Gute und nützliche Beispiele sind die *Apple Human Interface Guidelines* [Apple 00-16] bzw. [Apple 08–16] und die *Guidelines for Universal Windows Platform (UWP) Apps* [Microsoft 16].

Unternehmens-Styleguides: Vorgaben, welche die verschiedenen Applikationen eines Unternehmens bezüglich Look&Feel sowie Corporate Design erfüllen sollen. Dabei ist zu unterscheiden, ob es sich um Richtlinien für die firmeninterne Applikationslandschaft handelt oder für Anwendungen bzw. Produkte für externe Kunden. Auf den Einsatz von Unternehmens-Styleguides wird in Abschn. 6.3 noch näher eingegangen.

Produkt-Styleguides: Richtlinien, welche die Konsistenz der Benutzerschnittstelle bei der Entwicklung eines Produkts (z. B. beim Einsatz verschiedener UI Designer oder bei langfristiger Weiterentwicklung) sicherstellen. In manchen Fällen müssen auch neue Bedienelemente definiert und beschrieben werden (z. B. für neuartige Consumer-Produkte).

Abb. 4.16 zeigt ein Beispiel aus einem Styleguide. Zur Auswahl aus längeren Listen wird eine sortierbare Tabelle eingesetzt. Dieses GUI-

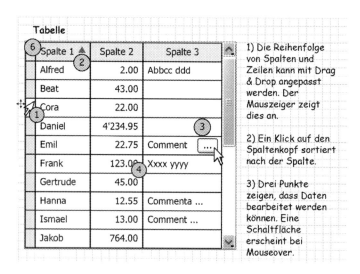

Abb. 4.16 In Styleguides werden User-Interface-Elemente definiert und beschrieben, die bei der Entwicklung einer neuen Anwendung eingesetzt werden sollen

Element sieht in jeder Anwendung gleich aus und verhält sich immer konsistent. Schrift und Kontrast wurden auf Lesbarkeit am Bildschirm optimiert, die Sortierfunktion ist intuitiv verständlich. Die Farbgebung entspricht dem Corporate Design des Unternehmens, die technische Umsetzbarkeit ist gewährleistet.

Die Verwendung von Guidelines

Das Wichtigste vorneweg: Selbst wenn Sie alle relevanten Regeln einhalten würden, könnten Sie noch immer eine für die Anwender unbrauchbare Lösung entwerfen. Mehr und mehr setzt sich die Erkenntnis durch, dass Zielgruppe und Nutzungskontext über die tatsächliche Qualität einer Benutzerschnittstelle entscheiden.

Usability- und UX-Guidelines stellen in erster Linie ein Hilfsmittel für ein einheitliches und regelkonformes User Interface Design dar. Die Berücksichtigung von Richtlinien erleichtert dem Benutzer später die Anwendung, indem er auf bekannte Elemente trifft, die sich immer konsistent verhalten. Die Entscheidung, ob ein Regelwerk oder eine bestimmte Vorgabe für die vorliegende Anwendung und eingesetzte Technologie tatsächlich relevant ist, bedingt allerdings gute Fachkenntnisse. Die blinde Einhaltung von Vorgaben kann sonst schnell zu einem unnötigen „Klotz am Bein" werden und ein gutes Nutzererlebnis sogar verhindern.

Meist reicht es nicht aus, bestehende Regelsammlungen einzusetzen, weil diese nicht oder zu wenig auf die spezifische Situation zutreffen. Die Erstellung eines Styleguides, der die eingesetzten GUI-Elemente definiert und beschreibt, ist in einem größeren Projekt ein Instrument, um eine einheitliche Funktionsweise für die Anwender sicherzustellen. Zudem können zu einem frühen Zeitpunkt die Rahmenbedingungen für das User Interface Design gesetzt werden. Es ist zum Beispiel ein wesentlicher Unterschied, ob hoch effiziente Controls zur Unterstützung von Expertenbenutzern oder einfache, selbsterklärende Bedienelemente für Gelegenheitsbenutzer zum Einsatz kommen.

Gut erarbeitete, visuell und technisch abgestimmte Styleguides sind eine wertvolle Hilfe für die Entwickler. Statt das Rad jedes Mal neu zu erfinden, können sie ausgearbeitete Elemente verwenden, die den Ansprüchen bezüglich Ergonomie, Ästhetik, Corporate Design und technischer Umsetzbarkeit genügen.

Der Einsatz eines Styleguides in einem größeren Projekt oder Unternehmen hat auch eine organisatorische Komponente. Indem User-Interface-Elemente mit einem Namen vergeben, beschrieben und allen Beteiligten bekannt sind, können sowohl die Anforderungen an das User Interface als auch die technischen Restriktionen früher adressiert werden. In Abschn. 6.3 wird noch näher beleuchtet, wie der Einsatz von Styleguides den nutzerorientierten Prozess in einem Unternehmen unterstützen kann.

Die Problematik des Detaillierungsgrads

Je konkreter die Guidelines verfasst sind, umso enger wird deren Gültigkeitsbereich. Es kann zum Beispiel sinnvoll sein, detaillierte Styleguides für eine bestimmte Applikation zu erstellen, die deren Benutzeroberfläche genau beschreiben. Diese Regeln sind allerdings nicht einfach auf andere Anwendungen übertragbar. Umgekehrt kann es nützlich sein, generelle Richtlinien zu verfassen, die weitgehend technologieneutral und anwendungsübergreifend gelten. Wie diese Richtlinien im konkreten Fall dann allerdings eingehalten werden, bleibt dem jeweiligen User Interface Designer oder Entwickler überlassen.

Häufig entstehen Probleme, wenn zu detaillierte Styleguides mit einer konkreten Anwendung im Hinterkopf erstellt werden. Die Richtlinien werden in Unternehmen oft „offiziell abgesegnet" und gelten zukünftig für weitere Anwendungen als strikte Vorgabe, zum Beispiel für externe Entwicklungs-Teams. Dies führt dazu, dass unter Umständen Regeln eingehalten werden müssen, die im vorliegenden Fall gar keinen Sinn ergeben oder sogar kontraproduktiv sind. Es ist deshalb genau abzuwägen, welcher Detaillierungsgrad in einem spezifischen Fall anzustreben ist. Eine Abbildung eines beispielhaften Benutzerdialogs mit Erklärungen ist vielfach effektiver als die ausschließliche Formulierung von Regeln. Ein Beispiel kann auch leichter abstrahiert und auf andere Anwendungssituationen übertragen werden.

Was sollte ein guter Styleguide regeln?

Als Hilfestellung für die Erstellung eines eigenen Styleguides oder als Referenz, falls Sie einen Styleguide in Auftrag geben müssen, ist es nützlich zu wissen, welche Informationen im Werk enthalten sein sollten:

- *Technologische Rahmenbedingungen* und *Zielgruppe:* Auf welche Systeme bezieht sich der Styleguide? Wer ist der Empfänger des Regelwerks?
- *Software-Ergonomie:* Allgemeingültige Regeln, die im konkreten Fall zu berücksichtigen sind (z. B. Anzahl Menü-Einträge) sowie auch Regeln bezüglich der spezifischen Zielgruppe und Anwendung (z. B. vollständig über die Tastatur bedienbare Dialoge).
- *Grundsätzlicher Aufbau:* Vorgaben für den Aufbau einer Applikation, z. B. Titelleiste, Ribbons, Navigations-, Arbeits-, Hilfe- und Statusbereich, sowie Dialogtypen.
- *Anzeigegeräte und Anordnung:* Definition, wie der Aufbau abhängig von Bildschirmgröße und Bildschirmauflösung zu gestalten ist.
- *Eingabemedien:* Welche Eingabemedien wie Tastatur, Touch, Stift, Gesten und Maus verwendet werden und für welchen Zweck.
- *Anwendungsregeln:* Welche GUI-Elemente für welche Situation verwendet werden. Dies gilt sowohl für die Basis-Elemente des Betriebssystems (z. B. wann werden Radio Buttons, wann Listboxes eingesetzt) als auch für zusammengesetzte Elemente (z. B. sortierbare Tabellen, Wizards) und insbesondere für neu definierte Elemente (z. B. Kalender-Pop-up zur Datumsauswahl).
- *Verhalten der GUI-Elemente:* Beschreibung der Reaktion des Systems (z. B. Selektion eines Eintrags, Deaktivierung von Controls).
- *Navigation:* Beschreibung der Navigationselemente (z. B. Einsatz von Menüs, Links, Buttons).
- *Visuelles Design:* Farbschema, Kontraste, Schriften, Layout, Abstände, Icons etc. Hier werden auch Corporate-Design-Aspekte referenziert.
- *Technische Umsetzbarkeit:* Hinweise auf die technische Umsetzung, z. B. Referenz auf verfügbare GUI-Komponenten.

- *Terminologie:* Begriffe und Bezeichnungen der Benutzeroberfläche, wie wird der Benutzer angesprochen, welche Fachbegriffe werden verwendet, Formulierung von Fehlermeldungen.
- *Tastaturbedienung:* Shortcuts, Kommandos, Tabulator-Reihenfolge, Default Buttons in einem Dialog.

Checkliste für den Einsatz von Styleguides

- Müssen für Ihre Anwendung bestimmte Normen oder gesetzliche Vorgaben bezüglich der User-Interface-Gestaltung eingehalten werden?
- Können bestehende Regelwerke, z. B. Regelsammlungen oder proprietäre Styleguides als Hilfestellung verwendet werden?
- Lohnt sich die Entwicklung eines eigenen Produkt-Styleguides?
- Sind die eingesetzten Usability Guidelines auf einer angemessenen Detaillierungsebene?
- Werden im Styleguide Aspekte beschrieben, die eher in die Spezifikation gehören?
- Könnte durch den Einsatz eines durchgängigen Styleguides die Kommunikation in Ihrem Projekt oder im Unternehmen erleichtert werden?
- Reicht ein dokumentierter Styleguide aus oder werden zusätzliche passende Werkzeuge benötigt, wie z. B. vorgefertigte Elemente in einem UI-Prototyping-Werkzeug für die UI-Designer oder eine Sammlung von Klassen, Komponenten und Verwendungsbeispiele für die Entwickler?

In Kürze

Methode	Guidelines und Styleguides
Resultate	Regelkonformes User Interface Design
	Einheitliche Funktionsweise für die Anwender
	Anforderungen an die Benutzeroberfläche adressiert
	Hilfestellung für die User-Interface-Entwickler
Vorgehen	Verwendung vorhandener Regelsammlungen oder Erarbeitung eines Projekt-Styleguides
Aufwand	Abhängig von Umfang und Detaillierungsgrad
	Sammlung der relevanten Guidelines: 1–2 PT
	Erarbeitung eines vollständigen Projekt-Styleguides nicht unter 10 PT
	Unternehmens-Styleguides: nicht unter 100 PT
Beteiligte	Analyst, User Interface Designer
Planung	Nach Aufnahme der Benutzeranforderungen, vor Implementierung der Benutzerschnittstelle

4.7 Auf dem Prüfstand: Usability Testing

Vermutlich haben Sie schon davon gehört, dass Software und Produkte in sogenannten *Usability Labs* geprüft werden können. Vielleicht hatten Sie sogar schon selbst dazu Gelegenheit, einem *Usability-Test* als Zuschauer oder Testperson beizuwohnen. Obwohl man Usability-Labore nun seit gut 25 Jahren auch im deutschen Sprachraum findet, ist deren Bekanntheitsgrad noch immer relativ klein, und die Wenigsten wissen, was sich bei einem solchen Test genau abspielt. Wir wollen deshalb den typischen Ablauf eines formalen Usability-Tests aufzeigen, um danach auch kurz auf andere, weniger formale Methoden einzugehen.

Der formale Usability-Test

Zunächst müssen Auftraggeber und Testleiter das Ziel des Usability-Tests klären. Fachleute unterscheiden zwischen *formativer* Evaluation, die eine Verbesserung des geprüften Systems zum Ziel hat, und *sum-*

mativer Evaluation, die ein Produkt im Sinne einer Qualitätskontrolle zusammenfassend prüft.

Als Vorbereitung für eine Usability-Testserie stellen Testleiter und Auftraggeber die Aufgaben zusammen, die von den Testpersonen mit der zu prüfenden Applikation bearbeitet werden sollen. Um ein gewisses Maß an Vergleichbarkeit zu erreichen, sind diese Aufgaben für jede Testperson dieselben. Man spricht deshalb auch von *Standardaufgaben*. Die Qualität der Ergebnisse eines Usability-Tests hängt wesentlich von der Ausarbeitung dieser Aufgaben ab. In Abschn. 2.4 wurde aufgezeigt, dass das Nutzungserlebnis mit einer neuen Lösung davon abhängt, wie gut die Abläufe für die Benutzer unterstützt werden. Die Erarbeitung relevanter und aus Benutzersicht realistischer Aufgaben sollte deshalb mit großer Sorgfalt durchgeführt werden. Wurden bereits Anwendungsszenarien erstellt, dienen diese als Grundlage (siehe Abschn. 4.2). Ein guter Testleiter wird auf die Einhaltung folgender Kriterien für die Standardaufgaben achten, die Sie als Auftraggeber kontrollieren sollten:

- Die Aufgabenstellung ist ein aus Benutzersicht realistisches Szenario und könnte sich tatsächlich so abspielen.
- Es wird ein Ziel der Anwendung aus Benutzersicht formuliert, keine technische Anleitung zur Erfüllung dieses Zieles. Zum Beispiel: „Sie suchen nach einer passenden Farbe für die Frühlingskleider Ihrer kleinen Tochter" ist besser als „setzen Sie die Filterkriterien auf gelb und rosa".
- Die Aufgaben stellen für die Testpersonen einen mittleren Schwierigkeitsgrad dar. Sie sollten lösbar, jedoch nicht zu trivial sein.
- Begriffe und Bezeichnungen, die in der Applikation vorkommen, sind zu vermeiden. Zum Beispiel: „Sie überweisen den Betrag von . . . " ist neutraler als „gehen Sie im Menü auf Einzahlungen".

Neben den Aufgaben für den Test muss auch das zu prüfende System selbst bzw. der Prototyp entlang der beabsichtigten Anwendungsszenarien vorbereitet werden. Dies kann zum Beispiel bedeuten, dass bestimmte Systemzustände oder Ausgaben abgebildet werden müssen, um der Testperson den Eindruck eines möglichst realistischen, lauffähigen Systems zu vermitteln.

Für eine Usability-Testserie sollten Testpersonen eingeladen werden, die möglichst aus der Benutzergruppe der zu prüfenden Applikation stammen, d. h. tatsächlich zu den späteren Benutzern gehören oder gehören könnten. Während dies bei Consumer-Produkten oder Internet-Anwendungen vielleicht auch die Sekretärin oder die Mitarbeiter aus dem Nachbarbüro sein können, ist es für spezialisierte Anwendungen unerlässlich, die entsprechenden Fachleute zu rekrutieren.

Die notwendige Anzahl Testpersonen hängt im Wesentlichen von den Zielen des Tests ab. In der Regel genügen fünf bis sieben Testpersonen, um die wichtigsten Anwendungsszenarien einer Applikation anhand eines Prototyps zu prüfen und gezielte Verbesserungsmaßnahmen einzuleiten. Sollen dagegen mit großer Sicherheit sämtliche Stolpersteine vor der Einführung einer Anwendung ausgeräumt werden, sind weitere Testserien notwendig (mehr dazu im Abschnitt „Wie viele Testpersonen sind notwendig?").

In manchen Fällen kann es sinnvoll sein, dass die Testpersonen eine kurze Schulung oder Einführung in die Applikation erhalten, zum Beispiel, wenn es sich um Expertenbenutzer handelt, die nach einer Einarbeitsphase eine hocheffiziente Applikation bedienen sollen. Handelt es sich dagegen um Gelegenheitsbenutzer, etwa für eine Consumer-Anwendung, sollte die Applikation nicht zuerst erklärt werden.

Der Testleiter führt jede Testperson in die Ziele und den Ablauf des Usability-Tests ein, und es werden Spielregeln vereinbart:

- Die Testperson darf den Test jederzeit unterbrechen bzw. abbrechen.
- Die Testperson wird meist gebeten, laut zu denken, d. h. ihre Handlungen für die Beobachter zu kommentieren.
- Sollte die Testperson mit einer Aufgabe nicht mehr weiterkommen, kann sie selbstständig zur nächsten Aufgabe weitergehen.
- Die Beobachter melden sich nur, wenn wirklich notwendig. Sie sollten den Testverlauf möglichst nicht beeinflussen. Eine Konversation mit dem Benutzer erfolgt ausschließlich über kontrollierte Bedingungen, zum Beispiel über eine Gegensprechanlage.

Während der eigentlichen Testphase arbeitet die Testperson in einem speziell eingerichteten Testraum mit der zu prüfenden Applikation gemäß

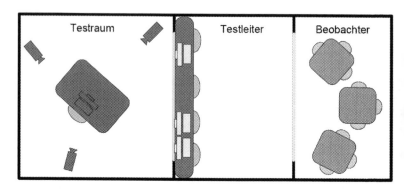

Abb. 4.17 Schematische Darstellung mit den wichtigsten Elementen eines Usability Labs. Die Benutzer bearbeiten im Testraum Aufgaben mit dem neuen Produkt. Die Beobachter protokollieren Schwachstellen. Die Interaktion mit der Benutzerschnittstelle wird zur späteren Analyse auf Video aufgezeichnet

den Aufgaben. Abb. 4.17 zeigt den Aufbau eines typischen Usability Labs.

Als Beobachter sollten Vertreter des Auftraggebers, Entwickler und Usability/UX-Experten teilnehmen. Testleiter und Beobachter verfolgen die Aufgaben aus einem separaten Raum, der häufig durch eine Glasscheibe abgetrennt ist. Der Bildschirm bzw. das zu prüfende Produkt sowie häufig auch das Gesicht der Testperson und die Situation als Ganzes werden auf Video aufgezeichnet. Abb. 4.18 zeigt eine solche Sicht.

Die Beobachter protokollieren unklare und problematische Situationen oder Fehler, die sich in der Anwendung mit der Applikation ergeben. Die Testphase sollte nicht länger als etwa eine Stunde dauern.

In einer Nachbesprechung analysieren die Beobachter die entsprechenden Stellen im Video nochmals mit der Testperson. Dabei werden bereits erste Möglichkeiten für Verbesserungsmaßnahmen besprochen. In jedem Fall sollte die Testperson dazu Gelegenheit haben, das Erlebte in einem kurzen Interview oder frei zu kommentieren. Oft ergeben sich gerade aus eher informellen Situationen wertvolle Hinweise.

Die Probleme in der Anwendung, Feststellungen und Verbesserungsvorschläge werden in einem Testbericht festgehalten. Die Resultate hängen einerseits von der Erfahrung des Testleiters und der Beobachter ab

Abb. 4.18 In Usability-Tests
können Prototypen eingesetzt
werden, um Schwierigkeiten
für die Benutzer frühzeitig
zu erkennen, versteckte Anforderungen zu entdecken
und das User Interface zu
verbessern

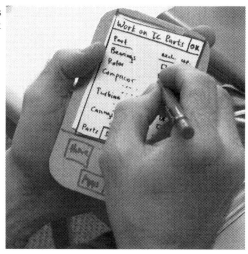

und anderseits von der Zeit, die für die Ausarbeitung von Verbesserungsvorschlägen zur Verfügung steht. Es ist deshalb lohnenswert, das Ziel
der Usability-Tests sowie den Umfang der Vorschläge vorher mit dem
Auftraggeber genau zu klären und zu vereinbaren. Ein guter Testbericht
sollte folgende formale Kriterien erfüllen:

• Gute wie schlechte Ergebnisse werden aufgeführt.
• Für jede Schwachstelle bzw. Verbesserungsmaßnahme wird ein
  Schweregrad angegeben.
• Die Schwachstellen sind mit Screenshots illustriert.
• Die Standardaufgaben sowie eine Beschreibung der Testpersonen
  werden angefügt.
• Es wird klar zwischen beobachteten Problemen und persönlichen
  Meinungen und Vorschlägen unterschieden.

Das *Common Industry Format* (CIF) für Usability-Testberichte des Ame-
rican National Standards Institute (ANSI) wurde 2006 ein internationaler
Standard (ISO/IEC 25062, 2006). Obwohl das Format ursprünglich für
summative Usability-Studien entwickelt wurde, kann es als guter Start-
punkt für Ihren eigenen Testbericht dienen.

Mehr Informationen über Usability-Tests finden sich im „Handbook of Usability Testing" (Rubin *et al.* 2008).

Stärken und Schwächen des Usability-Tests

Lange Zeit galt der formale Usability-Test als die Königsmethode im Usability Engineering, und tatsächlich hat die Methode auch einige Stärken:

- Unter Laborbedingungen können Schwachstellen der Benutzeroberfläche eindeutig nachgewiesen werden.
- Methodische Gütekriterien wie Objektivität, Reliabilität und Validität können weitgehend eingehalten werden (siehe auch „Hintergrund: Methodische Gütekriterien").
- Die Beobachtungssituation in einem Usability Lab ist optimal, die Beobachter können sich ein gutes Bild über die Stärken und Schwächen einer neuen Lösung machen.
- Die Beteiligten werden dazu gezwungen, einem Benutzer zuzusehen, ohne in das Geschehen einzugreifen. Jeder Usability-Testleiter wird Ihnen versichern, dass die Scheibe zwischen Test- und Beobachtungsraum vor allem dazu da ist, die Beobachter davon abzuhalten, dem Benutzer zu helfen.
- Schwierigkeiten in der Anwendung werden schnell deutlich.
- Die Methode ist für alle Beteiligten gut sichtbar. Die Bedeutung des Einbeziehens der Benutzer wird unmittelbar ersichtlich.

Die Schwächen der Methode sind die folgenden:

- Eine formale Usability-Testserie ist aufwändig. Es muss genügend Zeit für die Ausarbeitung der Aufgaben, die Vorbereitung des zu prüfenden Systems, die Rekrutierung der Testpersonen, die Durchführung der Testreihe in einem Usability Lab und nicht zuletzt die Erarbeitung von Verbesserungsvorschlägen und das Verfassen eines Testberichts eingesetzt werden.
- Die Methode kommt im Allgemeinen relativ spät zum Einsatz. Prototypen müssen so weit vorbereitet sein, dass die Testpersonen selbstständig damit arbeiten können.

- Es besteht die Gefahr, dass der Testbericht mit wertvollen Resultaten nach dem Test in der Schublade des Auftraggebers verschwindet, weil Kenntnisse oder Mittel für Verbesserungsmaßnahmen fehlen. Es ist deshalb notwendig, dass Testleiter, Auftraggeber und Entwickler die Schwachstellen zusammen besprechen und priorisieren. Es kann unter Umständen sogar sinnvoll sein, auf einen ausführlichen Bericht zu verzichten und die Zeit direkt in Lösungsvorschläge zu investieren.

Hintergrund: Methodische Gütekriterien

In der Testtheorie verwendet man eine Reihe von Gütekriterien, anhand derer Aussagen über die Qualität eines Messinstruments in einer bestimmten Untersuchung gemacht werden. Die Kenntnis dieser Gütekriterien ist auch für die Anwendung nutzerorientierter Methoden von Relevanz, besonders wenn es um die Evaluation von Systemen geht. Als Hauptgütekriterien werden unterschieden:

- *Objektivität*: Die Resultate der Untersuchung sollen unabhängig von den Rahmenbedingungen sein. Ein wichtiger Aspekt ist dabei die Unabhängigkeit von der durchführenden Person, die als *Testleiterunabhängigkeit* bezeichnet wird.

- *Reliabilität*: Bei wiederholter Anwendung unter gleichen Bedingungen soll das Instrument zu gleichen Resultaten kommen.

- *Validität*: Das Instrument soll das messen, was es vorgibt, in unserem Fall also die Usability oder User Experience eines Systems und nichts anderes. Dies kann zum Teil durch die Ausschaltung ungewollter Einflüsse erreicht werden (*interne Validität*). Von Bedeutung ist indessen auch die Generalisierbarkeit der Ergebnisse (*externe Validität*). Sie kann durch eine Erhöhung der Anzahl befragter Personen und eine Überprüfung mit anderen Methoden gesteigert werden.

Alternativen zum formalen Usability-Test

Der **Usability Walkthrough** ist eine Alternative zum formalen Usability-Test. Statt eine Testperson unter kontrollierten Bedingungen in einem separaten Testraum allein arbeiten zu lassen, begleitet der Testleiter den Benutzer und moderiert den Testablauf. Wie beim formalen Test bearbeitet der Benutzer realistische Aufgaben mit dem zu prüfenden System, aber der Moderator hat die Möglichkeit, direkt einzugreifen, Fragen zu stellen und bestimmte Abläufe mit dem Benutzer durchzugehen. Dies kann, muss aber nicht in einem Usability Lab durchgeführt werden. Diese Methode eignet sich besonders gut, um früh im Prozess noch unfertige

Prototypen zu evaluieren, ohne dass schon ein lauffähiges System vorhanden wäre. Es ist selbstredend, dass die Testleiterunabhängigkeit bei dieser Spielart nicht mehr gegeben ist und der Moderator sehr genau wissen muss, wie er den Benutzer anleiten kann, ohne ihn zu stark zu beeinflussen.

Als **mobiles Usability Lab** wird eine mobile Einrichtung zur Durchführung von Usability-Tests vor Ort anstatt in einem Labor bezeichnet. Viele Testleiter verwenden heute Programme, die eine Aufzeichnung der Benutzerinteraktion auf dem Testcomputer selbst auf Harddisk sowie das Streamen der Aufnahmen über das Internet – und damit die Beobachtung über beliebig viele andere entfernte PCs – erlauben. Eine häufig zu diesem Zweck eingesetzte Usability Testing Software ist Morae® von Techsmith. Ausgestattet mit einem Laptop und einer Webcam lassen sich so Usability-Testserien ohne die Kosten eines Usability Labs durchführen. Nutzen und Resultate hängen allerdings stark von der Erfahrung des Testleiters ab. Mobile Usability-Tests sind vor allem dann angebracht, wenn bei den Benutzern vor Ort getestet werden soll, zum Beispiel an speziellen Arbeitsplätzen, oder wenn die Umgebung einen maßgeblichen Einfluss hat, beispielsweise bei öffentlichen Terminals wie Ticketautomaten in Bahnhöfen oder Bankomaten im Freien. Fachleute sprechen dann auch von *Usability-Feldtests*. Auf ähnliche Weise werden **entfernte Usability-Tests** möglich, z. B. mit Beobachtern in anderen Ländern und Zeitzonen (*Remote Usability Testing*).

Um die aufwändige Rekrutierung geeigneter Testpersonen zu vermeiden und um schnell und einfach Feedback von möglichen Benutzern zu erhalten, können Prototypen und Systeme in Entwicklung an frequentierten Orten aufgestellt werden, z. B. in Eingangshallen oder Fußgängerzonen. Interessierte Passanten können auf diese Weise kurze Usability-Tests absolvieren. Diese Methode wurde unter dem Namen **Hallway Testing** bekannt.

Wie viele Testpersonen sind notwendig?

Stellen Sie sich vor, Sie wären ein Ladenbesitzer. Gerade haben Sie beobachtet, wie eine ältere Dame im Eingangsbereich über eine hervorstehende Türschwelle stolpert. Kurz darauf geschieht einem jungen Mann dasselbe. Würden Sie die Schwelle ersetzen oder warten, bis weitere Personen straucheln?

Kritische Usability-Probleme können ebenso deutlich sein, wenn sie im Rahmen eines Usability-Tests auftreten. Wenn zwei oder drei Testpersonen an derselben Stelle der Anwendung Mühe bekunden, ist es offensichtlich, dass ein Stolperstein vorliegt, den es auszuräumen gilt. Es ist schlichtweg nicht notwendig, eine vierte oder fünfte Testperson dabei zu beobachten. Mit anderen Worten: Um mittels Usability-Tests Verbesserungen der Benutzerschnittstelle zu erreichen, genügen qualitative Aussagen. Es sind keine quantitativen Untersuchungen mit vielen Benutzern erforderlich (siehe auch Abschn. 4.8 „Hintergrund: quantitative und qualitative Methoden"). Trotzdem stellt sich die Frage, wie viele Testpersonen sinnvoll und notwendig sind, um genügend Sicherheit zu erhalten, dass kritische Stellen auch aufgedeckt werden. Im Folgenden finden Sie einige Anhaltspunkte:

- Iteratives Prototyping, Verbesserung und Anpassung auf die Benutzerbedürfnisse, qualitative Aussagen: 4–6 Benutzer pro Iteration. Systeme mit hohen Anforderungen an die Nutzungsqualität: 7–15 Benutzer. Risikominimierung bei kritischen Systemen: nicht unter 15 Testpersonen.
- Qualitätskontrolle vor Einführung eines Systems, quantitative Aussagen: abhängig von Systemumfang und Anforderungen an die Nutzungsqualität: nicht unter 10 Testpersonen.

Anwendung im agilen Umfeld

- Kurze Iterationen erlauben eine konstante Überprüfung des Nutzungserlebnisses mit schlanken Usability-Tests oder Walkthroughs. Die Evaluation erfolgt kontinuierlich für die anstehenden Fragestellungen. Umfangreichere Testreihen dienen zur gezielten Optimierung besonders herausfordernder Aspekte und werden möglichst frühzeitig in die Entwicklung eingeplant.

- Durch die Aufteilung größerer Produktentwicklungen in mehrere Releases können ausgewählte Anwender bereits frühe Versionen des Produkts einsetzen und Erfahrungen sammeln. Somit können bereits Erkenntnisse aus dem Kontext für die Weiterentwicklung gewonnen werden, beispielsweise mit Beobachtungsmethoden.
- Hat ein Produkt eine gewisse Reife erreicht, streben agile Teams kürzere Release-Zyklen an. In den kürzeren Zyklen können verschiedene Varianten des Produkts mit dem Zielpublikum geprüft werden. Damit lässt sich zum Beispiel feststellen, ob ein neues Feature die gewünschte Wirkung erzielt und das Team somit erfolgreich war.

In Kürze

Methode	Usability Testing
Resultate	Bisher unbekannte Anforderungen aufgedeckt
	Schwachstellen identifiziert, dokumentiert und priorisiert
	Verbesserungsmaßnahmen erarbeitet
Vorgehen	Testen mit Benutzern anhand von Standardaufgaben
Aufwand	Formaler Usability-Test im Labor mit 5–7 Benutzern (Vorbereitung, Durchführung und Auswertung): Testleiter 10 PT, Auftraggeber 5–10 PT, Testpersonen total 3–5 PT
	Usability Walkthrough mit 5–7 Benutzern: Testleiter 5 PT, Auftraggeber 3–5 PT, Testpersonen total 2–3 PT
Beteiligte	Auftraggeber, Entwickler, Benutzer, Testleiter, Beobachter
Planung	Nach der Erstellung eines ersten Prototyps
	Am Ende jeder Iteration
	Vor der Einführung

4.8   Zahlenmaterial: Fragebögen

Beziehen Sie regelmäßig die neusten Studien bekannter Analysten und Marktforschungsinstitute? Für die Erhebung des zu Grunde liegenden Zahlenmaterials werden häufig Fragebögen benutzt. Die Methodik für die Erstellung und den Einsatz von Fragebögen hat ihre Wurzeln in den

Sozialwissenschaften, wo statistisch auswertbare Daten vieler Personen gefragt sind, wie etwa bei der Erhebung von Einstellungen, Meinungen und Erfahrungen, oder wenn die Ergebnisse mit einer größeren Gesamtheit verglichen werden sollen, etwa bei psychologischen Studien.

Benutzerbefragungen mittels Fragebögen sind eine wichtige Methode, um Antworten von einer größeren Anzahl Personen zu erhalten. Wenn Sie schon selber einen Fragebogen entworfen haben, zum Beispiel, um Meinungen von Mitarbeitern oder Kunden abzufragen, dann wissen Sie, dass dies gar nicht so einfach ist. Die Zuverlässigkeit der Aussagen hängt von der Qualität des Fragebogens, der Auswahl der befragten Personen und der richtigen Durchführung der Befragung ab.

Einsatz von Benutzerbefragungen

Erinnern Sie sich an die in Abschn. 3.4 vorgestellten Aufgabenbereiche eines nutzerorientierten Vorgehens? Benutzerbefragungen dienen zwei Aufgaben: Sie können sowohl zur *Analyse* von Benutzern und Kontext als auch zur *Beurteilung* eines Systems (Evaluation) eingesetzt werden. Benutzerbefragungen stellen eine Ergänzung zu den bereits vorgestellten Methoden dar. Der Analyst erreicht damit im Vergleich zu Contextual Inquiry oder Usability-Tests eine größere Anzahl Personen. Fragebögen dienen ihm zur standardisierten Erfassung und Auszählung der Antworten.

Abhängig vom Ziel und der Fragestellung können verschiedene Instrumente eingesetzt werden. Die Palette reicht von einfachen, selbst erstellten Fragebögen bis zum Einsatz methodisch geprüfter Usability- und UX-Standardfragebögen.

Für die Durchführung einer Benutzerbefragung kommen verschiedene Befragungsformen in Betracht: Ein Fragebogen kann beispielsweise schriftlich verschickt, online angeboten oder per Telefonbefragung ausgefüllt werden.

Der Einsatz von Fragebögen erfolgt oft mit dem Ziel, für die gesamte Benutzergruppe repräsentative Aussagen zu erhalten. Da solche Untersuchungen auf zählbare Werte abzielen, sprechen Fachleute auch von *quantitativen*, im Gegensatz zu *qualitativen* Studien. Für sie gilt eine Reihe methodischer Besonderheiten, die beachtet werden müssen. Da dies

Tab. 4.9 Vergleich zwischen *quantitativen* und *qualitativen* Forschungsansätzen

Quantitative Forschung	Qualitative Forschung
Viele Teilnehmer	Wenige Teilnehmer
Repräsentative Stichprobe	Typische Vertreter
Hypothesen prüfen	Hypothesen bilden
Standardisiert	Flexibel, explorativ
Zahlenmäßige Ausprägungen	Hintergründe, Zusammenhänge
Geschlossene Fragen	Offene Fragen
Statistische Analyse	Inhaltsanalyse
Einfache Auswertung	Aufwändige Auswertung
Beispiele: statistische Befragung, standardisiertes Telefon-Interview	Beispiele: Contextual Inquiry, Stakeholder Interview, Fokusgruppe

mit entsprechendem Aufwand verbunden ist, sollte genau geprüft werden, ob die vorliegende Fragestellung überhaupt mit einer quantitativen Befragung beantwortet werden kann.

Hintergrund: quantitative und qualitative Methoden

Die empirische Forschung unterscheidet zwei grundsätzliche Ansätze zur Erkenntnisgewinnung:

- *Quantitative* Studien haben zum Ziel, zahlenmäßige Ausprägungen möglichst genau zu beschreiben. Dabei wird üblicherweise eine repräsentative Stichprobe befragt und die erhobenen Daten auf die Grundgesamtheit verallgemeinert. In der Regel wird vorher eine Hypothese festgelegt, die anhand der Ergebnisse überprüft werden soll. Quantitative Methoden laufen typischerweise stark standardisiert ab, um möglichst gleiche Voraussetzungen für die Aussagen der Befragten zu schaffen.

- *Qualitative* Erhebungen zielen darauf ab, Hintergründe, Zusammenhänge und Ursachen festzustellen. Dabei wird auf die subjektiven Aussagen der Befragten Wert gelegt. Der Ablauf dieser Methoden ist im Vergleich zu quantitativen Verfahren flexibel, offen und explorativ. Oft werden während der Durchführung neue Hypothesen generiert, um diese in einer nächsten Iteration weiterzuverfolgen. Aus qualitativen Daten kann man keine Mengenangaben ableiten.

Tab. 4.9 stellt die beiden Ansätze gegenüber.

In keinem Fall darf ein Fragebogen als eine einfache Sammlung von Fragen verstanden werden, die man mal eben so verschickt. Die Durchführung einer Befragung setzt voraus, dass sich der Ersteller genau überlegt, welche Fragestellung beantwortet werden soll, wie die Untersuchung durchgeführt wird und wie der Fragebogen dafür aufgebaut sein muss. Methodiker sprechen auch vom *Untersuchungsdesign* und der *Fragebogenkonstruktion*.

Planung einer Benutzerbefragung

Zur Festlegung eines geeigneten **Untersuchungsdesigns** gehören einige zentrale Überlegungen:

- Welche Fragen oder Hypothesen sollen beantwortet werden? Werden reine Fakten erhoben, soll ein System beurteilt oder ein Vergleich durchgeführt werden?
- Wie ist der zeitliche Ablauf der Untersuchung? Wird nur einmal erhoben, werden die Aussagen verschiedener Gruppen verglichen oder werden die gleichen Benutzer in Abständen mehrmals befragt?
- Wie erfolgt die Auswahl der zu befragenden Benutzer: als zufällige Stichprobe oder nach bestimmten Kriterien?
- Wie viele Personen müssen befragt werden, um statistisch genügend gesicherte Aussagen machen zu können?
- Mit welchen Instrumenten wird die Untersuchung durchgeführt? Wird ein bestehender Fragebogen eingesetzt oder ein eigener erstellt?

Fragebogenkonstruktion

Konstruktion und Einsatz eines Fragebogens müssen methodisch korrekt erfolgen, um aussagekräftige Ergebnisse zu erhalten. Dies gilt auch für einfache Umfragen mit wenigen Fragen. Bevor die Erstellung eines eigenen Fragebogens ins Auge gefasst wird, sollte deshalb abgeklärt werden, ob nicht Standardfragebögen für die Fragestellung verfügbar sind. Für die Konstruktion eigener Fragebögen zu statistisch zuverlässigen Aussagen lohnt sich in jedem Fall das Hinzuziehen eines Fragebogen-Experten.

Die folgenden methodischen Aspekte sind sowohl für die Erstellung eines eigenen Fragebogens als auch bei der Auswahl eines Standardfragebogens relevant:

- Soll mit offenen oder geschlossenen Fragen gearbeitet werden? Bei offenen Fragen können die Benutzer freie Antworten formulieren, bei geschlossenen wird aus vorgegeben Antworten ausgewählt. Offene Fragen erlauben es, eine Frage in der Breite auszuleuchten; sie sind allerdings in der Auswertung aufwändiger als geschlossene Fragen. Offene Fragen sind deshalb für qualitative Untersuchungen besser geeignet, während geschlossene Fragen eher für quantitative Studien verwendet werden.
- Kommen Skalen (z. B. Werte von 1–7) zum Einsatz? Was bedeuten die Skalen (z. B. einverstanden – nicht einverstanden, Note 1–6)? Dies ist von Bedeutung im Hinblick auf die Auswertung und Interpretation der erhobenen Werte.
- Wie erfolgt die Instruktion zum Ausfüllen des Fragebogens?
- Sind alle Fragen für die Zielgruppe verständlich? Ein Fragebogen sollte immer an einer Versuchsstichprobe getestet werden.
- Wie lange dauert das Ausfüllen des Fragebogens? Die Abbruchquote steigt, und die Antwortqualität sinkt mit der Länge eines Fragebogens. Diese Effekte sind bei Online-Befragungen noch ausgeprägter als bei schriftlichen Fragebögen.

Für die methodischen Details zur Durchführung von Fragebogen-Untersuchungen sei an dieser Stelle auf die einschlägige Fachliteratur verwiesen, z. B. [Bortz et al. 15].

Analyse von Benutzern und Kontext

Fragebögen können zur Analyse der Benutzer und des Kontexts der Anwendung eingesetzt werden und damit zur Klärung der Anforderungen an eine neue Lösung beitragen. Da es in der **Anforderungsanalyse** meist darum geht, ein neues Gebiet in seiner Breite auszuloten, Details der täglichen Aufgaben zu erfassen oder Ursachen und Zusammenhänge zu erkunden, ist dies zunächst einmal die Domäne qualitativer Methoden.

Ergänzend zur Durchführung von Contextual Inquiry, Interviews oder Beobachtungen kann es indessen erwünscht sein, bestimmte Aspekte mit einem größeren Benutzerkreis abzuklären oder Aussagen gezielt zu erhärten. Eine sinnvolle Anwendung wäre beispielsweise, die Benutzer zunächst mit offenen Fragen nach Vorlieben und Problemen mit bestehenden Systemen zu fragen und damit erste Hinweise für Verbesserungsmaßnahmen zu sammeln und diese in einem zweiten Schritt mittels einer Beurteilungsskala bewerten zu lassen.

Fragebögen können auch eingesetzt werden, um Fakten über Benutzer und Anwendung zu erheben, die im Hinblick auf die Anforderungen an die neue Lösung relevant sind:

- Alter, Geschlecht, Ausbildung und Erfahrung der Benutzer,
- Rollen, Aufgaben, Tätigkeiten,
- Häufigkeit, zeitliche und örtliche Verteilung der Anwendung,
- Vorhandene technische Ausstattung, z. B. Betriebssystem, Bildschirmgröße und -auflösung, Browserversion, vorhandene Applikationen usw.

In Marktbefragungen für neue Produkte wird manchmal auf diese Weise versucht, Auskunft von den zukünftigen Benutzern über die erwünschten Funktionen oder die Notwendigkeit bestimmter Features zu erhalten. Die Möglichkeiten solcher Befragungen sind allerdings begrenzt. Können sich die befragten Personen beispielsweise nicht ganz genau vorstellen, worum es bei der neuen Lösung geht, sind die Antworten irreführend oder wertlos. Auch die Schwierigkeiten, die sich aus den gewünschten Funktionen ergeben, können die Benutzer kaum abschätzen. Sie entstehen erst in der Anwendungssituation.

Beurteilung von Usability und UX: Standardfragebögen

Standardfragebögen sind vorgefertigte und geprüfte Instrumente zur Usability- und UX-Beurteilung für den Einsatz in Produktentwicklungen oder Studien. Sie können mit relativ wenig Aufwand zur Evaluation lauffähiger Prototypen, zur Identifikation von Schwachstellen oder als

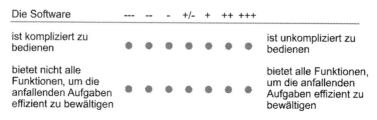

Abb. 4.19 Der ISONORM 9241/110 ist ein Standardfragebogen zur Beurteilung der Usability einer Anwendung durch deren Benutzer. Der Fragebogen basiert auf den sieben Dialogkriterien der ISO Norm 9241-110. Die Abbildung zeigt einen Ausschnitt des Kriteriums „Aufgabenangemessenheit"

Qualitätskontrolle bei produktiven Systemen und interaktiven Produkten eingesetzt werden.

Die Beurteilung durch die Benutzer erfolgt dabei nach bestimmten Kriterien. Verbreitete Standardfragebögen zur Beurteilung der Usability von Software sind der IsoMetrics [Willumeit et al. 96], der 75 Fragen (Items) umfasst, und der ISONORM 9241/110 [Prümper et al. 97] mit insgesamt 35 Fragen. Beide Fragebögen verwenden die Dialogkriterien der ISO-Norm 9241-110 (siehe auch Abschn. 4.6).

Der ISONORM 9241/110 wurde auch im Einsatz als Online-Version validiert [Richter 99] und stellt damit ein einfaches Mittel zur Beurteilung von Internet-Anwendungen dar. Abb. 4.19 zeigt einen Ausschnitt dieser Online-Version.

Die Bearbeitung des Fragebogens dauert etwa 20 Minuten. Die Auswertung erfolgt im Sinne einer Gesamtbeurteilung der Usability über die Durchschnittswerte aller Fragen oder auf Ebene der einzelnen ISO-Kriterien. So lassen sich beispielsweise erste Hinweise auf Schwachpunkte finden. Tab. 4.10 zeigt ein Beispiel einer Auswertung mit Mittelwert x und Standardabweichung s (Werte 1–7).

Auch zur Beurteilung der User Experience wurden standardisierte Fragebögen entwickelt, wie z. B. der *User Experience Questionnaire* (UEQ) [Laugwitz et al. 08]. Der UEQ erfasst die sechs Dimensionen Attraktivität, Durchschaubarkeit, Verlässlichkeit, Effizienz, Steuerbarkeit und Originalität. Der *AttrakDiff* [Hassenzahl et al. 03] ist ein weiterer häufig eingesetzter Fragebogen zur Beurteilung des Nutzungserlebnisses, das der Benutzer bei der Bedienung interaktiver Produkte erfährt. Der Fragebogen unterscheidet die Aspekte pragmatische Qualität, hedonische Qualität und Attraktivität.

Ein wichtiger Aspekt bei standardisierten Fragebögen ist die Vergleichbarkeit der Daten. Dadurch, dass jede Person dieselben Urteilsskalen ausfüllt, können die Ergebnisse verdichtet, statistisch ausgewertet und die Aussagen miteinander verglichen werden. Standardfragebögen sind deshalb ein geeignetes Mittel, um Vergleiche anzustellen, zum Beispiel wenn die Nutzungsqualität zweier verschiedenen Prototypen, die Aussagen unterschiedlicher Benutzergruppen oder die Beurteilung eines Systems zu verschiedenen Zeitpunkten untersucht werden soll.

Für die Interpretation der Resultate ist es wichtig zu wissen, dass bei der Beurteilung mittels Fragebögen folgende generelle *Urteilsfehler* auftreten können:

- Bei der Beurteilung besteht die Gefahr, dass die Beurteiler nicht zwischen den einzelnen Kriterien differenzieren, sondern sich von ihrem Gesamteindruck des Produkts beeinflussen lassen (*Halo-Effekt*).
- Das zu beurteilende Objekt kann systematisch zu niedrig oder zu hoch eingestuft werden (*Milde-Härtefehler*). Die Gründe dafür können vielfältig sein und beispielsweise mit Ablehnungen oder Vorlieben zu tun haben.

Tab. 4.10 Auswertung einer Benutzerbefragung mit dem Fragebogen ISONORM 9241/110

ISO-Kriterium	x	s
Aufgabenangemessenheit	4,76	0,88
Selbstbeschreibungsfähigkeit	5,20	0,87
Steuerbarkeit	4,64	1,05
Erwartungskonformität	4,95	0,96
Fehlertoleranz	4,76	0,97
Individualisierbarkeit	3,76	1,22
Lernförderlichkeit	5,48	1,06
ISO-Gesamtbeurteilung	4,80	0,75

- Es besteht eine gewisse Tendenz, alle Kriterien im mittleren Bereich einer Urteilsskala einzustufen (*zentrale Tendenz*). Ist dieser Effekt ausgeprägt, kann dies ein Hinweis auf eine mangelnde Kenntnis des zu beurteilenden Objekts sein.

Kann man Nutzungsqualität messen?

In der Praxis taucht hin und wieder die Frage auf, ob und wie man die Nutzungsqualität von Systemen oder Produkten messen kann. Damit ließen sich unterschiedliche Produkte miteinander vergleichen oder Qualitätsprüfungen durchführen. Nicht zuletzt wäre eine hohe, mit anerkannten Instrumenten gemessene Nutzungsqualität auch ein gutes Verkaufsargument. Nicht selten werden Vergleiche publiziert, die auf Ergebnissen aus Usability-Tests oder Expertenmeinungen basieren. Genügt das? Wie müsste ein solches Instrument aussehen?

Halten wir uns nochmals die Definition aus Abschn. 2.2 vor Augen: Ein Mensch-Computer-System setzt sich zusammen aus dem Benutzer, dem Werkzeug (System), der Aufgabe und dem Umfeld. Eine ganzheitliche Bewertung der Nutzungsqualität ist nur unter Berücksichtigung aller vier Komponenten möglich, sollte also mit tatsächlichen Benutzern in deren Umfeld stattfinden. Weiter muss eine genügend hohe Anzahl Fälle vorhanden sein, um statistisch signifikante Aussagen machen zu können. Ein gutes Messinstrument muss außerdem den testtheoretischen Gütekriterien genügen (siehe auch Abschn. 4.7, „Hintergrund: Methodische Gütekriterien"). Und schließlich muss für die Interpretation genügend Vergleichsmaterial verfügbar sein, um überhaupt eine Aussage über die Höhe der gemessenen Werte machen zu können („das Produkt erreicht den Wert 6,5").

Qualitative Evaluationsmethoden wie Usability-Tests oder Experten-Reviews liefern wichtige Ergebnisse für die Entwicklung und interessante Vergleiche, was in den meisten Fällen auch genügt. Für eine *Messung* der Nutzungsqualität sind sie hingegen nicht geeignet. Entsprechende quantitative Untersuchungen mit Benutzern in ihrem realen Umfeld wären vorstellbar, sind aber zum einen sehr aufwändig und zum anderen nicht über verschiedene Systeme vergleichbar.

Ein vielversprechender Ansatz ist der Einsatz von Standardfragebögen, die als Evaluationsinstrument die oben genannten Anforderungen weitgehend erfüllen. Die Beurteilung eines Systems findet aus Sicht der Benutzer im Anwendungskontext statt und erfolgt einheitlich über dieselben Kriterien. Die Fragebögen wurden von ihren Autoren bezüglich Gütekriterien überprüft und optimiert. Mit einer Normierung streben die Autoren zudem an, eine Vergleichsbasis für verschiedene Anwendungen zu schaffen. So wäre es zumindest theoretisch möglich, auch unterschiedliche Produkte durch ihre Benutzer beurteilen zu lassen und die so erhaltenen Werte zu vergleichen.

Über den Nutzen eines Vergleichs unterschiedlicher Systeme oder Produkte lässt sich streiten. Eine interessante Anwendung für die Praxis ist indes sicher folgende: Mittels regelmäßiger Benutzerbefragungen lässt sich im Sinne einer Qualitätskontrolle die Nutzungsqualität eines Systems über die Zeit überprüfen. Dies ist beispielsweise bei Internet-Anwendungen mithilfe einer regelmäßig geschalteten Online-Befragung ohne großen Aufwand möglich. Sollten sich die Werte (z. B. nach einem Redesign) negativ verändern, ist Handlungsbedarf angesagt. Einige Anbieter nutzen diese Möglichkeit und überprüfen die Nutzungsqualität ihrer Produkte regelmäßig mittels aufgeschalteter Online-Fragebögen.

Checkliste zum Einsatz von Fragebögen

- Ist für die vorhandene Fragestellung eine quantitative Untersuchung notwendig und geeignet, oder sind vielmehr qualitative Methoden besser (z. B. Contextual Inquiry, Interviews, Usability-Tests mit Prototypen)?
- Dienen Zahlenwerte und statistische Angaben zur Beantwortung der Fragestellung?
- Können die Benutzer die Fragen aus ihrem Wissen oder ihrer Erfahrung beantworten?
- Lässt sich die Fragestellung so in einen Fragebogen verpacken, dass sie verständlich bleibt und in kurzer Zeit beantwortet werden kann? Wie groß ist die Gefahr von Falschantworten?
- Ist eine statistische Auswertung der Antworten möglich, sinnvoll und bezüglich Aufwand vertretbar?

- Muss ein Fragebogen selbst entwickelt werden oder ist ein geeigneter Standardfragebogen verfügbar?
- Wie kann der Fragebogen in das Produkt oder in die Anwendung integriert werden, so dass eine große Anzahl Nutzer ihre Bewertung abgibt und damit die Nutzungsqualität laufend überwacht werden kann?
- Wie kann sichergestellt werden, dass die – unter Umständen unkontrollierte – Auswahl der Teilnehmer keine ungewollten Einflüsse auf das Resultat hat?

In Kürze

Methode	Benutzerbefragung mittels Fragebögen
Resultate	Quantitative Daten, statistische Aussagen zur Usability und User Experience eines Systems, als Ergänzung in der Anforderungsanalyse oder zur Qualitätssicherung
Vorgehen	Einsatz eines Standardfragebogens oder Erstellung eines zugeschnittenen Fragebogens, Durchführung der Befragung und Auswertung der Antworten
Aufwand	Erstellen und Auswerten eines kleineren qualitativen Fragebogens: 5–10 PT
	Durchführen und Auswerten einer Untersuchung mit Standardfragebogen: 10–20 PT
	Erstellen und Auswerten einer quantitativen Fragebogen-Studie: nicht unter 30 PT
Beteiligte	Auftraggeber, Fragebogen-Experte
Planung	Analyse: Im Anschluss an Contextual Inquiry
	Evaluationsinstrument: Im Rahmen eines Pilottests oder zur ständigen Qualitätssicherung

Usability und UX im Griff: Planung

5

„Wir entwickeln ein neues Produkt für jedermann.
Wie viel Usability brauchen wir denn?" Wir
denken, etwa 5 Kilo sollten reichen. Am besten
scheibchenweise. Aber was genau haben Sie denn
vor?

In den letzten Kapiteln haben wir die wichtigsten Methoden und ihren Zusammenhang in einem nutzerorientierten Prozess vorgestellt. Damit die Techniken richtig eingesetzt werden können, müssen die projektspezifischen Ziele, Risiken und Rahmenbedingungen berücksichtigt werden (Abb. 5.1). Für Projektleitung und Team bedeutet das, die notwendigen Methoden einzuplanen, gut ausgebildete Fachkräfte einzusetzen und den

Abb. 5.1 Ziele, Risiken und Rahmenbedingungen bestimmen bei der Entwicklung eines neuen Produkts, welche nutzerorientierten Methoden eingesetzt werden, wann und in welchem Ausmaß. Sie sind wichtige Grundlagen für die Planung

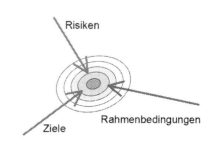

© Springer-Verlag Berlin Heidelberg 2016, M. Richter, M. D. Flückiger, *Usability und UX kompakt*, IT kompakt, DOI 10.1007/978-3-662-49828-6_5

Fortschritt zu überwachen. Dieses Kapitel befasst sich mit der Planung nutzerorientierter Aktivitäten in Projekten.

5.1 Ziele erreichen

Bezüglich Nutzungsqualität und Nutzererlebnis können bei der Entwicklung neuer Systeme oder Produkte unterschiedliche Schwerpunkte gesetzt werden. Der Einsatz geeigneter Methoden hängt von den Zielen ab, die ein Projekt erreichen soll. Nicht selten wird in Projektaufträgen pauschal eine „hohe Usability" gefordert. Damit nutzerorientierte Aktivitäten jedoch gewinnbringend eingeplant werden können, müssen zumindest abschätzbare, wenn nicht sogar messbare Ziele festgelegt werden. Im Folgenden finden Sie eine Auswahl möglicher Ziele:

- Die Arbeitsgeschwindigkeit der Benutzer mit dem neuen System maximieren,
- Die Anzahl notwendiger Schritte zur Ausführung einer Funktion und die dafür benötigte Zeit minimieren,
- Den Ausbildungs- und Lernaufwand minimieren,
- Die Qualität des Arbeitsresultates steigern,
- Die Anzahl Nutzer erhöhen, die das Ziel erreicht,
- Die Anzahl Fehler der Benutzer minimieren,
- Das Gefährdungspotenzial aufgrund falscher Interpretationen oder Fehlmanipulationen reduzieren,
- Die Zufriedenheit der Benutzer mit dem Produkt (und ihrer Arbeit) erhöhen,
- Die Akzeptanz eines neuen Produktes erhöhen,
- Die Anzahl Nutzer erhöhen, die das Produkt in sozialen Netzen empfiehlt,
- Einen bestimmten Wert in einer UX-Metrik übertreffen (vergleiche Abschn. 4.8).

Ein Beispiel dazu: Will die Geschäftsleitung die Zeit reduzieren, die ein Kunde beim Musikhören in der Warteschlaufe eines Callcenters verbringt, kann ein in der Benutzung effizienteres System dazu beitragen. Je schneller die Mitarbeiter die Anrufe im Mittel abarbeiten, desto kürzer ist die Wartezeit der Anrufer. Die Reduktion der durchschnittlichen Bearbeitungszeit eines Kunden-Anrufs ist ein messbares Ziel, das verfolgt werden kann. Es bestimmt, welche nutzerorientierten Methoden mit wie viel Aufwand im Projekt einzuplanen sind.

5.2 Risiken kontrollieren

Ein weiterer wesentlicher Faktor für die Planung nutzerorientierter Maßnahmen ist die Risikobetrachtung. Dabei gilt es, Risiken zu identifizieren und gezielt anzugehen. Vereinfacht lassen sich Projekt- und Produktrisiken unterscheiden:

Projektrisiken gefährden den erfolgreichen Abschluss eines Projekts. Sie sind oft technischer und projekt-politischer Natur. Zwei typische Projektrisiken, die mit einem nutzerorientierten Vorgehen angegangen werden können, sind schlechte Akzeptanz bei den Benutzern bei Projektabschluss sowie zu viele, erst spät entdeckte Anforderungen.

Produktrisiken hingegen gefährden den erfolgreichen Einsatz eines Produktes. Usability-Aspekte spielen bei Produktrisiken oft eine entscheidende Rolle. Die Identifikation solcher Produktrisiken ist für die Einplanung nutzerorientierter Maßnahmen im Projekt zentral. Dazu einige Beispiele:

- Systeme mit mangelnder Usability erfordern vom Benutzer mehr Aufmerksamkeit und lenken ihn von seiner eigentlichen Tätigkeit ab. Dieses Risiko mag beispielsweise für Büroanwendungen tolerierbar sein – für ein neuartiges Navigationsgerät im Auto muss es dagegen mit geeigneten Methoden minimiert werden.
- Fehleingaben können unangenehme Folgen haben. Bei einem System für den Börsenhandel können sie sogar fatale Auswirkungen haben, falls beispielsweise ein Händler ungewollt 10.000.000 statt 10.000 Aktien verkauft. Solche Fehleingaben müssen unter allen Umständen vermieden werden.
- Eine unklare Benutzerschnittstelle stellt bei der Entwicklung eines Farbenmischgeräts ein anderes Risiko dar als bei einem Gerät für die Dosierung von Medikamenten. Entsprechend unterschiedlich sind die Anforderungen.

Denkanstoß

Sind Sie zurzeit in ein Projekt involviert? Überlegen Sie sich, welche Ziele das Projekt erreichen will und welche Risiken bestehen. Zu welchen dieser Ziele und gegen welche Risiken kann ein nutzerorientiertes Vorgehen einen wesentlichen Beitrag liefern?

5.3   Rahmenbedingungen

Neben den zu erreichenden Zielen und den zu beherrschenden Risiken ist der Einsatz der Methoden von diversen äußeren Faktoren abhängig. Diese beeinflussen die Planung der nutzerorientierten Aktivitäten im Projekt maßgeblich. Beispielsweise lässt sich Contextual Inquiry nur durchführen, wenn das Projektteam tatsächlich mit Benutzern vor Ort sprechen kann. Im Folgenden ist eine Auswahl weiterer Einflussfaktoren aufgeführt:

- Wie verfügbar sind die Benutzer für Beobachtungen, Interviews und Workshops?
- Handelt es sich um interne oder externe Benutzer?
- Wie intensiv verwenden die Benutzer das Produkt und wie groß ist ihr Fachwissen?
- Findet die Entwicklung intern, extern oder off-shore statt?
- Muss auf Personen mit besonderen Merkmalen geachtet werden, z. B. Kinder, ältere Menschen, Analphabeten, Personen mit Behinderungen?
- Wird spezielle Hardware oder besondere Software-Technologie vorgegeben, z. B. mehrere Bildschirme, Joysticks, Spracheingabe, Touchscreens, 3-D-Grafik?
- Kommt das System an einem besonderen Ort zum Einsatz?
- An welchem Punkt der Entwicklung steht das Projekt, wie weit sind die Projektziele, die Anforderungen, die Architektur und das User Interface bereits fortgeschritten und gefestigt?
- Welche Usability- und UX-Kenntnisse sind im Projektteam vorhanden? Müssen Berater zugezogen werden und wie können diese ins Team integriert werden?

- Welche Firmenrichtlinien, wie Corporate-Design-Vorgaben und Vorgehensstandards, müssen berücksichtigt werden?
- Nach welchem Entwicklungsprozess wird vorgegangen?

5.4 Planungsbeispiele

Ziele, Risiken und Rahmenbedingungen bilden die Grundlage für die Planung. Aus diesen Eckpfeilern lässt sich ableiten:

- Welches die am besten geeigneten nutzerorientierten Methoden sind,
- Zu welchem Zeitpunkt diese zum Einsatz kommen,
- Mit wie viel Aufwand gerechnet werden muss,
- Welche Personen mit welchen Fähigkeiten eingesetzt werden müssen.

Die folgenden Abschnitte illustrieren dies anhand von drei prototypischen Projekten.

Agile Entwicklung eines internen Datenverarbeitungssystems

Fokus	Effizienz und Effektivität
Benutzer	Interne Mitarbeiter; ca. 700 Benutzer; ausgebildetes Fachpersonal, das intensiv mit dem System arbeitet
Usability- und UX-Ziele	Produktivitätssteigerung der Mitarbeiter; sehr gute Einpassung in erneuerte Prozesse; Arbeitsweise optimieren; effizientes User Interface; kurze Schulung; Training on the job
Projektrisiken	Schlechte Akzeptanz, viele Nachbesserungen; Entwicklung verschlingt zu viel Zeit, Geld und Ressourcen
Produktrisiken	Sinkende Effizienz der Mitarbeiter; hoher Aufwand für Schulung und Support
Projektstand	Das noch inoffizielle Projektteam erarbeitet den Projektantrag. Das Team umfasst später 18 Personen, davon 8 Software-Entwickler
Prozess	Nach erfolgtem Projektantrag agile Entwicklung in fünf Releases in zwei Teams

Folgende Methoden kommen zum Einsatz:

- Contextual Inquiry: in der Zeit bis zum Projektantrag Verbesserungspotenzial und kritische Rahmenbedingungen der heute gelebten Arbeitswelt erkennen und damit das grobe Geschäftsprozessmodell ergänzen. Während der Entwicklung vor Ort Detailwissen und das notwendige Verständnis für die anstehenden Iterationen erwerben.
- Storyboards: für den Projektantrag die gemeinsame Vision mit einem
Storyboard dokumentieren und der Geschäftsleitung kommunizieren.
Die Storyboards während der Entwicklung aktuell halten, um neue
Teammitglieder einzuführen und Stakeholder zu informieren. Später
bei Schulungen als Überblick und Einführung verwenden.
- User Stories: in der Zeit bis zum Projektantrag mit groben User Stories und einer Story Map das erste Release planen. Während der Entwicklung die User Stories stetig verfeinern, ergänzen und neu priorisieren. Die User Story Map entlang dem Storyboard aufbauen, die
Ziele der Benutzer in die Diskussionen einbringen und die vorgesehenen Funktionen im Hinblick auf den zu unterstützenden Prozess
priorisieren.
- Szenarien: Anhand von Fallbeispielen neue Prozessschritte durchden-
ken und damit die User Stories verfeinern und validieren. Aus den
Szenarien konkrete Informationen für das User Interface Design ableiten. In der Testphase die Szenarien als Basis für Testfälle und Usa-
bility-Testaufgaben einsetzen. Szenarien zu Akzeptanztests weiterentwickeln. Auf diese Weise optimiert das Team konsequent das System
und die Arbeitsweise der Benutzer.
- UX Prototyping: Für die Umsetzung der anstehenden User Stories
das Funktionsangebot und den Informationsgehalt mit den Fachab-
teilungen erarbeiten. Das UI-Konzept iterativ erarbeiten. Prototypen
erlauben den Fachpersonen, das Produkt bereits zu erleben und so
fundierteres Feedback zu geben.
- Usability Walkthroughs: Während der Entwicklung UI-Konzept, Prototypen und Produktinkremente prüfen.
- Projekt-Styleguide: als Nachschlagewerk für die Detailgestaltung
des UI während der Entwicklung. Styleguide-Elemente in Prototyping Tools und als Code-Bausteine umsetzen. Damit wird das Team

unterstützt, auch längerfristig ein konsistentes User Interface zu unterhalten.

- Usability Testing: als Teil der Abnahme eines Releases sowie zur Abnahme ausgewählter Iterationen. Zur Optimierung wichtiger UI-Aspekte während der Entwicklung. Besonders wichtige Teile des User Interfaces können geprüft, UX-Ziele erhoben und Verbesserungsmaßnahmen eingeplant werden. Zudem werden Aspekte aufgezeigt, auf die bei Handbüchern und Schulung besonderer Wert gelegt werden soll.
- Fragebögen: im Betrieb die Erfüllung der Usability- und UX-Ziele auch nach mehreren Wartungsupdates prüfen.

Beim geschilderten Vorgehen sollte ein Projektteam auf die folgenden Punkte achten:

- Datenverarbeitungssysteme zeichnen sich im Allgemeinen durch viele Spezialfälle in der Anwendung aus. Diese werden typischerweise erst durch die Betrachtung konkreter Beispiele sichtbar. Jeder nicht durch das System berücksichtigte Fall bringt zusätzlichen Arbeitsaufwand in der Benutzung. Werden reale Fälle zu wenig betrachtet, besteht das Risiko, dass die Benutzer nicht genügend Unterstützung für die Besonderheiten der realen Arbeitswelt erhalten und damit Produktivität und Qualität sinken.
- Das Team sollte die Benutzer wenn immer möglich in das Projekt einbeziehen: Einzelne Benutzer in das Projektteam integrieren, andere durch sporadische Teilnahme an Befragungen und Tests einbeziehen und alle mit regelmäßigen Informationen über Ziele, Fortschritte und Planung auf dem Laufenden halten. Dadurch wird der notwendige Veränderungsprozess bei den Mitarbeitern früh angestoßen und die Akzeptanz steigt.
- Agile Teams umfassen idealerweise alle notwendigen Fähigkeiten, von der Prozessoptimierung bis zum Testen. Usability Engineering, UX und Interaction Design sind Aufgaben der Teams. Die Mitarbeiter sollen entsprechende Fähigkeiten mitbringen oder werden von Experten angeleitet. Usability- und UX-Experten wie auch Interaction Designer können mehrere Teams beraten, übergreifende Themen bearbeiten und Spezialwissen einbringen.

Ein neues digitales Wunderwerk für den Consumer-Markt

Fokus	Schlichtheit und Attraktivität
Benutzer	Konsumenten: verschiedene Altersgruppen; technisch Interessierte sowie absolute Anfänger; aus sämtlichen Kulturkreisen
Usability- und UX-Ziele	Sofort benutzbar ohne Training; attraktives Design; überschaubare Menge an Funktionen, geringe Bedienkomplexität
Projektrisiken	Neue, wenig bekannte Technologien; viele unterschiedliche Anforderungen müssen unter einen Hut gebracht werden
Produktrisiken	Hohe Kosten für Support; überlastete Hotline; schlechte Verkaufszahlen; Imageverlust
Projektstand	Das Produktmanagement hat ein Set von Features, Rahmenbedingungen und die angestrebte Zielgruppe definiert. Das entstandene Lastenheft ist Vorgabe für das Projektteam
Prozess	Marktanalyse, Konzept, iterative Entwicklung, Serienreifmachung, Produktion, Markteinführung

Das digitale Wunderwerk, beispielsweise eine neue Digitalkamera, hat einige Eigenschaften, die eine deutlich andere Planung als für das interne Datenverarbeitungssystem erfordern. Insbesondere die heterogene Benutzergruppe stellt eine besondere Herausforderung dar. Das digitale Wunderwerk ist funktional einfacher als ein Datenverarbeitungssystem, zeichnet sich aber durch spezialisierte Hardware aus. Folgende Methoden werden eingesetzt:

- Contextual Inquiry: in den frühen Innovationsphasen zur Ideengenerierung und zum Verständnis der Kundenerlebniskette; in der Marktanalyse als Ergänzung zur Marktforschung. Der Fokus liegt auf Problemen mit bestehenden Produkten, Anwendungssituationen und dem Kontext der Anwendung.
- Personas und Szenarien: in der Marktanalyse und Konzeptphase Benutzer und Abläufe modellieren und dokumentieren; Fokussierung auf das Zielpublikum und Priorisierung der möglichen Funktionen.
- UX Prototyping: in den frühen Innovationsphasen zur Identifikation erfolgreicher Produktideen; in der Konzept- und Entwicklungsphase die Benutzerschnittstelle erstellen, optimieren und vereinfachen, z. B. in wöchentlichen Iterationen. Komplexe Features oder schwer verständliche Konzepte ausschließen und erfolgreiche Funktionen weiter

optimieren. Mit Mock-ups Varianten der möglichen Hardware erstellen in Bezug auf Form, Ausmaße, Materialien, mögliche Bedienelemente und Handhabung im Alltag und mit Benutzern – wenn möglich auch im Kontext – prüfen. Je realer die Testsituation, desto eher deckt das Team mögliche Probleme im Umgang mit der gewählten Hardware-Variante auf.

• Use Cases oder User Stories: während der Konzeptphase die funktionalen Anforderungen festhalten, später verfeinern und aktuell halten. Mittels einer User Story Map gezielt kritische Funktionen und Eigenschaften für einen ersten Produktrelease planen und diese anhand der gewonnenen Erkenntnisse anpassen.

• Usability Testing: Testen der Prototypen am Ende der jeweiligen Phasen; Testen des Produktes vor Markteinführung.

Beim geschilderten Vorgehen sollten Projektleiter und Produktverantwortliche auf die folgenden Punkte achten:

• Im Gegensatz zum internen Informationssystem müssen die Nutzerbedürfnisse aus vielen Quellen zusammengetragen werden. Beispielsweise können relevante kulturelle Aspekte wie Modeströmungen, Vorlieben und mehr mit Methoden der Marktforschung erarbeitet werden. Weitere wichtige Informationsquellen sind die lokalen Vertriebsgesellschaften und der Kundendienst. Auch Contextual Inquiry ist für ausgewählte Fragestellungen zu Benutzung und Umfeld hilfreich.

• Es gilt, den Funktionsumfang gegen die daraus resultierende Komplexität in der Bedienung abzuwägen. Mit einer nutzerorientierten Methodik kann jede geplante neue Funktion auf den Nutzen für die Zielgruppe kritisch hinterfragt und in der Anwendung überprüft werden, bevor sie im Produkt implementiert wird.

• Benutzer erfahren ein interaktives Produkt als Ganzes. Software und Hardware müssen zusammenpassen. Das Gerät sollte von Beginn an als Ganzes dargestellt und evaluiert werden. Nebst funktionsbezogenen Aspekten spielen auch emotionale Faktoren, Ästhetik und Design eine wichtige Rolle und können über den Erfolg oder Misserfolg eines Produkts entscheiden.

- Neuartige Hardware kann, z. B. aufgrund des Formfaktors und der Wirkung auf die Mitmenschen, das Verhalten der Benutzer unvorhersehbar beeinflussen. Mit realitätsnahen Mock-ups und einer frühzeitigen Evaluation im Umfeld der Benutzer kann ein Team solche Effekte erkennen und neue Lösungsansätze entwickeln.

Wenn Leben auf dem Spiel steht

Fokus	Sicherheit
Benutzer	Personen mit fachlicher Ausbildung, ausgiebigem Training
Usability- und UX-Ziele	Gravierende Folgen durch Fehlbedienungen müssen vermieden werden; Fehlerrate bei Benutzern minimieren; Qualität des erreichten Resultates maximieren; Nachlässigkeiten und Umgehungen erschweren; effiziente Bedienung sicherstellen
Projektrisiken	Hohe Anforderungen an den Entwicklungsprozess; Auflagen des Gesetzgebers und der Zulassungsstellen müssen eingehalten und Qualitätsnormen erfüllt werden
Produktrisiken	Unfälle mit schwerwiegenden Auswirkungen auf Mensch, Umwelt und Sachwerte
Prozess	Analyse, Konzept, Entwicklung, Testphase, Produktion

Produkte mit hohen Anforderungen an die Sicherheit finden sich in vielen Bereichen, beispielsweise in der Medizin, in der Automobilbranche, in der Flugsicherung und bei industriellen Anlagen. Fehlbedienungen, Nachlässigkeiten und die Umgehung von Sicherheitsmaßnahmen sind Ursachen für Unfälle, die üblicherweise unter die Rubrik „menschliches Versagen" fallen. Eine auf Sicherheit optimierte Benutzerschnittstelle verringert solche Unfälle, manchmal auch auf Kosten von Bequemlichkeit und Effizienz. Zum Beispiel werden Behälter für Medikamente heute so konstruiert, dass sie durch kleine Kinder nur schwer geöffnet werden können. Genauso werden bei kritischen Eingabefeldern keine Standardwerte vorgegeben, damit ein unaufmerksamer Benutzer das Feld nicht einfach überspringen kann. Folgende Methoden werden typischerweise eingesetzt:

- Contextual Inquiry: in der Analysephase die Aufgaben, die eintrainierten Verhaltensweisen sowie die Gestaltung bestehender Systeme im Detail verstehen und dokumentieren. Einflüsse des Umfelds, wie beispielsweise Lärm, Stress, Zusammenarbeit im Team, das Verhalten in Störungsfällen und weitere kritische Aspekte müssen untersucht werden. Zusätzlich müssen Erkenntnisse und sicherheitskritische Vorfälle von ähnlichen Produkten analysiert und beurteilt werden.

- UX Prototyping: in der Konzeptphase ein zu der Problemstellung passendes Gerät, UI-Konzept und Verfahren iterativ entwickeln und mit Anwendern evaluieren.
- Usability Walkthroughs, Expertenreviews und Usability Testing: in der Konzeptphase und der Testphase das System mit Benutzern überprüfen. Einerseits soll gezeigt werden, dass die Gestaltungsmaßnahmen tatsächlich zur angestrebten Erhöhung der Sicherheit beitragen. Andererseits soll die gesamte User Experience überprüft und optimiert werden.
- Usability Testing: in der Testphase das System im Usability Lab validieren und die Qualität der mit dem System geleisteten Arbeit prüfen; im Feldtest Vorfälle bezüglich ungenügender Usability analysieren.
- Vorfälle analysieren: Im Betrieb sicherheitsrelevante Vorfälle sammeln und auswerten. Das Produkt bezüglich Verbesserungspotenzial untersuchen, nutzerorientierte Maßnahmen einleiten und dadurch das Produkt stetig sicherer machen.

Beim geschilderten Vorgehen sollte ein Projektleiter auf die folgenden Punkte achten:

- Es ist eine 100-%-Einstellung gefordert: Bei den meisten Optimierungen kann bereits mit wenig Aufwand eine messbare Verbesserung erzielt werden. Dies genügt bei kritischen Risiken nicht. Bereits ein falscher Standardwert oder eine falsche Bezeichnung eines Knopfes können die Eintrittswahrscheinlichkeit eines Risikos massiv erhöhen. Jedes Detail ist wichtig!
- Es ist nur 99 % Sicherheit erreichbar. Kein Produktrisiko kann vollständig verhindert werden. Auch wird die Vielfältigkeit des Alltags immer wieder nicht vorhersehbare Situationen hervorbringen. Sicherheitsorientierte Vorgehen legen deshalb Wert auf die Erfassung und Auswertung sicherheitsrelevanter Vorfälle im Betrieb. Eine systematische Auswertung dieser Vorfälle aus Sicht der Benutzbarkeit hilft

einem Projektteam, bei der nächsten Generation die richtigen Verbesserungen vorzunehmen.

- Risikomanagement muss bei hohen Risiken auf breiter Front ansetzen, z. B. mittels Notfallszenarien, Ausbildung und Zertifizierung der
Benutzer, Analyse von Vorfällen und weiteren Maßnahmen.

- Im sicherheitskritischen Umfeld sind oft zusätzliche Usability-Nor-
men zu berücksichtigen. In der Medizintechnik sind beispielsweise
die Normen DIN EN 60601-1-6 [DIN 16] und DIN EN 62366
[DIN 08] relevant. Das Einbeziehen von Benutzern in die Entwicklung wird in diesen Normen vorgeschrieben und sicherheitskritische
Produkte müssen Usability-Tests unterzogen werden, um die Markt-
zulassung zu erhalten. Einige Zulassungsbehörden verlangen auch
entsprechende Validierungen im eigenen Land, zum Beispiel die
amerikanische FDA.

- In einzelnen Ländern können völlig andere Voraussetzungen z. B. in
Bezug auf Ausbildungsstand, Rollenteilung und Motivation der Benutzer, technische Voraussetzungen und äußere Einflussfaktoren herr-
schen. Ein sicheres Gerät im einen Umfeld kann in einem anderen
unter Umständen sicherheitskritische Vorfälle verursachen. Das Projektteam muss sich mit solchen Gegebenheiten auseinandersetzen.

5.5 Einsatz von Benutzern

Für die Durchführung der Methoden werden oft gut qualifizierte Benutzer benötigt. Dies ergibt für ein Projektteam zusätzliche Aufgaben.

Benutzer rekrutieren

Das Rekrutieren geeigneter Benutzer kann ein schwieriges Unterfangen
sein. In vielen Situationen muss ein Projektteam selbstständig Benutzer
anwerben. Dabei sollte auf die folgenden Punkte geachtet werden:

- Überlegen Sie sich vor einer Untersuchung, welche Eigenschaften die
eingeladenen Benutzer haben sollten, und prüfen Sie, ob diese erfüllt
werden.

- Achten Sie auf ein breites Spektrum an Eigenschaften und Fähigkeiten der eingeladenen Benutzer.
- Sprechen Sie den Einsatz interner Benutzer mit deren Vorgesetzten ab.
- Halten Sie bei externen Benutzern mit Marketing und Verkauf Rücksprache, und achten Sie auf die notwendige Geheimhaltung.

Im Verlauf eines größeren Projekts wird ein Projektteam in der Regel eine ganze Reihe von Benutzern einbeziehen. Der Aufbau einer Benutzerdatenbank kann die Rekrutierung mit der Zeit stark vereinfachen.

Eine umfassende Darstellung zum Thema Rekrutierung und Einbeziehung von Benutzern gibt das Buch [Courage et al. 15].

Benutzer entlohnen

Eine angemessene Bezahlung der Benutzer ist angebracht. Bei externen Personen werden die Leistungen deshalb meist mit Geld, Gutscheinen oder Geschenken vergütet. Für interne Benutzer ist die Wertschätzung ihrer Mitarbeit oft die beste Abgeltung. Dies bedeutet, dass das Projektteam die Benutzer nutzbringend einsetzt, Anregungen und Kritik aufnimmt und darauf reagiert. Es ist die Aufgabe des Projektleiters, die beteiligten Benutzer regelmäßig über den erreichten Fortschritt zu informieren.

Anonymität und Vertraulichkeit

Die Äußerungen der Benutzer müssen anonym und vertraulich gehandhabt werden. In einem Interview wird ein Analyst auch einmal negative Aussagen zu hören bekommen. Genauso wird er vielleicht Fehler und Verstöße beobachten. Gelangen diese zu einem Vorgesetzten der Benutzer, ist die notwendige Vertrauensbasis zerstört. Die folgenden Punkte bezüglich des Datenschutzes müssen Sie beachten:

- Dem Teilnehmer einer Untersuchung sollte klar sein, wie die gesammelten Daten verwendet werden und wie Anonymität und Vertraulichkeit eingehalten werden.
- Aussagen, die ein Projektteam aufbewahrt, sollten anonymisiert werden.
- Für Video- oder Audioaufnahmen ist das Einverständnis der Benutzer einzuholen. Klären Sie ab, ob Sie die Aufnahmen aufbewahren dürfen und zu welchem Zweck Sie diese verwenden können. Eine einfa-

Einverständnis zur Studie *[Name]*

Herzlichen Dank, dass Sie an der Studie *[Name]* für die *[Name der Organisation]* teilnehmen. Ihre Teilnahme hilft uns, das *[Produktname]* besser an die Bedürfnisse unserer Kunden und Benutzer anzupassen. *[Produktname]* unterstützt *[Kurze Zusammenfassung für wen das Produkt was wie tun wird]*. Diese Studie legt das Augenmerk auf *[die Fragestellungen kurz und knapp erläutern]*.

Die Studie wird folgendermassen ablaufen: *[kurzer Abriss was gleich passieren wird]*. Sie können jederzeit und ohne Begründung die Studie beenden.

Für die spätere Analyse werden wir die Studie mit Video und Audio aufzeichnen. Die vollständigen Aufnahmen werden nur durch das Projektteam analysiert und, sobald diese Studie beendet ist, gelöscht. Zitate und Beobachtungen werden anonym aufbewahrt und referenziert. Das Projektteam wird dazu eine zufällige Teilnehmernummer verwenden.

☐   Ja, das Projektteam darf die Session aufzeichnen (Audio und Video) und analysieren. Sobald die Studie beendet ist, werden die Aufzeichnungen gelöscht.

☐   Ich bin zudem einverstanden, dass Ausschnitte der Aufzeichnungen für Präsentationen des Projektteams an weitere Personen aus der Organisation verwendet werden können.

Name und Unterschrift: Datum und Ort:

_____   _____

Abb. 5.2 Beispiel einer einfachen Einverständniserklärung für die Verwendung von Video- oder Audioaufnahmen

che schriftliche Einverständniserklärung ist hier angebracht. Abb. 5.2
zeigt ein Beispiel.

- Beachten Sie die Datenschutzgesetze. Diese regeln, wie mit personen-
  bezogenen Daten umgegangen werden muss. Wenn immer möglich,
  löschen Sie personenbezogene Daten.

Benutzer einbeziehen ist Projektmarketing

Jeder Kontakt mit Benutzern ist eine Möglichkeit, deren Bedenken und
Ängste zu erfühlen und sie über die Chancen, die das Projekt bietet, zu
informieren. Nutzerorientierte Aktivitäten sind deshalb ein ausgezeichnetes Mittel, um die Akzeptanz bei Benutzern zu erhöhen. Die Bedin-
gung dazu ist, dass das Projektteam auf die Kritik und die Bedenken der
Benutzer eingeht. Vergessen Sie nicht: Auch wenn Sie *nicht* mit Benutzern sprechen, kommunizieren Sie!

5.6   Schwierige Situationen

Hoffentlich sprühen Sie nun vor Tatendrang und möchten das Gelesene
baldmöglichst umsetzen. Manchmal holt einen die Praxis allerdings nur
allzu schnell wieder auf den Boden zurück. Die Landung ist zuweilen
hart, doch selten schädlich. In diesem Abschnitt stellen wir in der Praxis häufig anzutreffende, schwierige Situationen dar und zeigen Ansätze,
diese zu bewältigen.

Benutzer werden vertreten

In größeren Unternehmen sind **Benutzervertreter** oft fester Bestandteil
eines Projektteams. Dies ist grundsätzlich eine ausgezeichnete Idee, da
diese Fach und Anwendung kennen und entsprechend wichtige Punkte
schnell klären können.

   Die Schwierigkeit besteht darin, dass Benutzervertreter oft mit der
Aufgabe betraut werden, die Anforderungen an die Benutzerschnittstelle
für ein neues System zu definieren. Benutzervertreter sind allerdings we-

der Methodiker noch Systemanalysten noch User Interface Designer und auch keine Software-Architekten. Es ist für sie deshalb kaum möglich, eine passende Lösung zu definieren. Es besteht die Gefahr, dass zentrale Anforderungen vergessen und persönliche Wünsche eingefordert werden, die den Benutzern, die sie vertreten, nicht dienen. Mit dieser Arbeit verlieren sie mit der Zeit auch den unvoreingenommenen Blickwinkel der Benutzer und können das System nicht mehr aus deren Sicht beurteilen. Die Problematik ist in jenen Firmen besonders stark ausgeprägt, in welchen Mitarbeiter der Geschäftseinheiten vollamtlich als Benutzervertreter eingesetzt werden und deshalb bald keine eigentlichen Benutzer mehr sind.

Die Projektleitung kann in einer solchen Situation eine entscheidende Rolle übernehmen. Es liegt an ihr, die notwendige Methodik einzuführen und ein Projektteam mit dem benötigten Know-how zusammenzustellen. Im Idealfall bildet sie ein effektives Team von Benutzervertretern. Dieses Team sollte aus erfahrenen Benutzern bestehen und eine große fachliche Bandbreite abdecken. Es nimmt die folgenden Aufgaben wahr:

- Bedürfnisse der Anwender und Geschäftseinheiten einbringen,
- Fachliche Fragen beantworten,
- Den Zugang zu Benutzern ermöglichen,
- Das System auf fachliche Korrektheit testen.

Dieses Team bildet die Schnittstelle zwischen Entwicklung, Benutzern und Fachleuten. Es ist für die korrekte Bedürfnisabklärung bei den Benutzern mitverantwortlich. Zur Erfüllung dieser Schnittstellenfunktion helfen die Benutzervertreter bei Contextual Inquiry mit, unterstützen bei der Erarbeitung von Personas, Szenarien und Storyboards, helfen beim UX Prototyping und rekrutieren Testpersonen für Usability-Tests. Damit die Benutzervertreter diese Aufgaben lösen können, müssen sie entsprechend methodisch unterstützt werden.

Kein Benutzer am Horizont

Bei manchen Projekten bleibt der Zugang zu Benutzern verwehrt. Damit fehlt dem Analysten eine wichtige Informationsquelle zur Erarbeitung einer benutzbaren Lösung. In dieser Situation können die folgenden sekundären Quellen hilfreich sein:

- Lokale Vertriebsgesellschaften,
- Hotline und Support,
- Trainer,
- Schulungsmaterial und Bedienungsanleitungen,
- Serviceleute,
- Konkurrenzprodukte,
- Verfügbare Literatur,
- Vorhandenes Wissen über die Benutzer im Unternehmen, wie beispielsweise aus Marketing und Marktforschung,
- Kundenkontakte auf Messen und Ausstellungen.

Methoden wie Personas und Szenarien tragen dazu bei, das vorhandene Wissen der Beteiligten für die Produktvision zu nutzen sowie verborgene Annahmen über Benutzer und Anwendung auf den Tisch zu bringen, um ein gemeinsames Verständnis zu erarbeiten.

Es kann für ein Unternehmen lohnenswert sein, das Sammeln solcher Informationen zu institutionalisieren und damit einen ständigen Draht zu Benutzern und Kunden zu etablieren. Beispielsweise könnte es zu der Tätigkeit von Service-Ingenieuren gehören, vor Ort gezielt Informationen über die Benutzer aufzunehmen, die zur Weiterentwicklung der Produkte beitragen.

Wenn Zeit und Geld knapp sind

Am Anfang dieses Kapitels haben wir argumentiert, dass in erster Linie Ziele, Produktrisiken und Rahmenbedingungen als Grundlage für die Planung und den Einsatz nutzerorientierter Maßnahmen im Projekt dienen. In der Praxis sind Geld und Zeit meist knapp. Eine den Zielen und Risiken angepasste Methodik findet im Budget oft keinen Platz. In Abschn. 6.4 diskutieren wir den Trade-off zwischen Aufwand, Zeit, Qualität und Funktionsumfang ausführlicher. Ist jedoch hohe Qualität gefordert, beispielsweise bei hohen Produktrisiken, führt kein Weg an der entsprechenden Methodik vorbei. Alles andere wäre schlichtweg fahrlässig.

Steht hingegen tatsächlich eine möglichst kurze Zeit bis Einführung bei begrenztem Budget im Vordergrund, dann ist ein Vorgehen erwünscht, um die gravierendsten Usability-Probleme kostenneutral auszumerzen. Für ein solches Vorgehen prägte Nielsen schon früh den Begriff *Discount Usability Engineering* [Nielsen 93]. Sein Argument war, dass mit simplen, kostengünstigen Methoden in einfachen Praxissituationen bereits relativ viel erreicht werden kann, und dass ein vereinfachtes Vorgehen auch mit höherer Wahrscheinlichkeit zur Anwendung kommt als eine vollständigere, aber auch aufwändigere Methodik. Ein solches vereinfachtes Vorgehen kann folgendermaßen aussehen:

- Minimale Analyse des Nutzungskontexts: Wenige Beobachtungen oder Interviews bei den Benutzern vor Ort anstelle einer ausführlichen Contextual Inquiry,
- Lo-Fi-Prototyping entlang der wichtigsten Anwendungsszenarien,
- Iteratives Prüfen und Verbessern mittels einfacher Usability Walkthroughs mit Benutzern oder Hallway Testing, wenn keine spezielle Expertise der Benutzer notwendig ist,
- Experten-Reviews anhand von Usability-Prinzipien oder Checklisten.

Wasserdicht spezifizieren?

Der Vertrag zwischen Auftraggeber und Hersteller regelt die Grundlagen, falls die Entwicklung einer neuen Lösung extern vergeben wird. Vor allem im Rahmen von Ausschreibungen werden oft Verträge ausgearbeitet, die neben Angaben zu Kosten, Zeit und Qualität auch detaillierte Vorgaben zu Funktionsumfang und Benutzerschnittstelle enthalten. Ein solch enges Korsett erlaubt nach Vertragsabschluss typischerweise nur noch kleine Optimierungen bezüglich Usability und UX, beispielsweise Anpassungen der Benutzeroberfläche von eher kosmetischer Natur. Entsprechen Funktionen, Informationen und Abläufe nicht den Benutzerbedürfnissen, dann sind Änderungen nach Vertragsabschluss nur noch mit größerem Aufwand möglich: Abstimmungen und Vertragsänderungen kosten für alle Beteiligten viel Zeit, Geld und Nerven.

Um in einer solchen Vertragssituation trotzdem die erwünschte Qualität für das geplante Produkt zu erreichen, sind die Phasen bis zum

Vertragsabschluss entscheidend. Der Auftraggeber sollte insbesondere auf die folgenden Punkte achten:

- Methoden für die Analyse, Modellierung, Spezifikation und Evaluation mit Benutzern sind vor der Auftragsvergabe durchzuführen.
- Der Auftraggeber muss dazu nutzerorientierte Aktivitäten einplanen und entsprechendes Know-how aufbieten.
- Im Vertrag muss die Aufgabenteilung mit dem Hersteller bezüglich Ausgestaltung der Benutzerschnittstelle geregelt werden. Auch die Teilung von Folgekosten, die sich aus falschen Annahmen oder fehlenden Informationen bezüglich Usability- und UX-Aspekten ergeben, kann vertraglich festgehalten werden.
- Die Spezifikation sollte ein mit Benutzern geprüftes User-Interface-Konzept und gegebenenfalls Prototypen und Styleguides umfassen.

Ein grundsätzlich anderer Ansatz besteht darin, *nicht* vollständig zu spezifizieren und eine enge Zusammenarbeit mit dem Hersteller anzustreben. Anstelle einer umfassenden Anforderungsspezifikation steckt der Auftraggeber seine Ziele und Rahmenbedingungen ab und definiert den Prozess für das weitere Vorgehen. Agile Vorgehensweisen unterstützen einen solchen direkten Austausch in kurzen Iterationszyklen. Hersteller und Auftragnehmer führen nutzerorientierte Aktivitäten gemeinsam durch. Die enge Zusammenarbeit erlaubt beiden, gegenseitige Stärken auszunutzen. Verfügt der Auftraggeber über wenig Erfahrung im Bereich Usability und UX, kann er dies bei der Wahl eines geeigneten Auftragnehmers berücksichtigen und sich so das notwendige Know-how sichern.

5.7 „Karl ist zuständig"

Wer ist zuständig für Usability und UX? In der Praxis sind verschiedene Situationen anzutreffen. Typischerweise ist niemand zuständig. In der Konsequenz kümmert sich der User-Interface-Entwickler ein wenig um die Usability des Systems, der Software-Architekt hat auch eine Meinung dazu, und die Personen aus den Geschäftseinheiten geben ihre Wünsche bekannt. Benutzerbedürfnisse werden in diesen Fällen eher zufällig oder gar nicht berücksichtigt.

Tab. 5.1 Beteiligte Rollen bei der nutzerorientierten Entwicklung von Software und Produkten

Produktmanager	Release-Planung und Produkte-Roadmap
	Aufnahme des Marktfeedbacks
	Abgrenzung zu Konkurrenzprodukten
	Preisgestaltung
	Definition der Vertriebskanäle
Product Owner	Definition und Sicherstellung der beabsichtigten Usability- und UX-Ziele während der Produktentwicklung
	Priorisierung der Funktionen
Risikomanager	Identifizieren von Produktrisiken
	Definieren der Usability-Maßnahmen
Projektleiter	Einplanen nutzerorientierter Aktivitäten
	Fördern des Bewusstseins für Usability und UX
	Beschaffen des notwendigen Know-hows
	Rekrutieren der Benutzer für Workshops und Usability-Tests
Analyst/ Requirements Engineer	Analysieren und beschreiben der Benutzer, Bedürfnisse und des Kontexts der Anwendung
	Analysieren der Projektziele und Risikomaßnahmen bezüglich Usability-Aspekten
	Erarbeiten und modellieren passender Anforderungen
	Erstellen erster Entwürfe der Benutzerschnittstelle
	Evaluation der Ergebnisse mit Benutzern
	Vermitteln bei widersprüchlichen Anforderungen
Geschäfts-einheiten	Anpassen der Organisation, Prozesse, Arbeitsanweisungen und Arbeitsplätze der Benutzer
User Interface Designer	Entwerfen einer funktionalen und ästhetischen Benutzerschnittstelle
	Optimieren der Benutzeroberfläche
	Anwendung von Styleguides
Software-Architekt	Identifizieren der architekturkritischen Anforderungen
	Entwerfen einer passenden Architektur
Entwickler	Implementieren eines fehlerfreien Systems und passenden Benutzerschnittstelle
Usability-Testleiter	Einplanen der Usability-Tests
	Festlegen der Testziele
	Ausführen und auswerten der Usability-Tests
Technical Writer	Erarbeiten des Hilfesystems sowie der Bedienungsanleitungen

Manchmal ist indessen eine bestimmte Person, beispielsweise Karl, explizit für Usability oder UX zuständig. Leider ist Karl auf sich allein gestellt und kämpft gegen die Wünsche der Auftraggeber, die fixen Ideen der Benutzer und die technische Verliebtheit der Software-Entwickler. Nutzerorientierung ist ein Ansatz, um bestimmte Ziele zu erreichen und Risiken zu reduzieren. Es genügt nicht, dass der Designer ein attraktives User Interface definiert, wenn der Software-Architekt eine zu langsame Architektur wählt und der Software-Entwickler unverständliche Fehlermeldungen programmiert. Damit das vorgesehene Nutzungserlebnis erreicht werden kann, müssen viele Personen zusammenspielen. Tab. 5.1 gibt einen Einblick, welche Rollen für welche Tätigkeiten zuständig sind.

Diese lange und sicher nicht vollständige Liste illustriert eindrucksvoll, wie viele Stellen auf die Nutzungsqualität eines neuen Produktes oder zu entwickelnden Systems Einfluss nehmen. Egal ob Karl zuständig ist, in Tat und Wahrheit ist jede in einem Projekt involvierte Person für das resultierende Nutzungserlebnis mitverantwortlich, inklusive Auftraggeber und Management. Ein nutzerorientiertes Vorgehen beinhaltet deshalb auch moderierende und vermittelnde Tätigkeiten, achtet auf gute Kommunikation und findet selten im stillen Kämmerchen statt.

Strategie: UX auf Unternehmensebene 6

If the user is having a problem, it's our problem.
(Steve Jobs)

Ausgerüstet mit der Kenntnis der wichtigsten nutzerorientierten Methoden, mit einer guten Planung in der Tasche und den richtigen Leuten an Bord beginnt Ihr nächstes Projekt, in dem endlich ein wirklich benutzbares Produkt entstehen soll. Und dann wird alles ganz anders: Das Budget für nutzerorientierte Tätigkeiten wird gekürzt, in einem Management Board wird über neue Funktionen abgestimmt, und Sie reden seit einer Woche an Wände – kurzum: Sie befinden sich in den organisatorischen Mühlen eines jeden (größeren) Unternehmens.

Die vorherigen Kapitel haben gezeigt, wie nutzerorientierte Methoden in ein Projekt für die Software- oder Produktentwicklung integriert werden können. Dieses Kapitel gibt Hinweise:

- Wie Usability und UX unternehmensweit platziert werden können.
- Wie Sie es schaffen, dass die involvierten Stellen in einem nutzerorientierten Prozess zusammenspielen.
- Welche strategischen Aspekte in UX stecken.

Dieses Kapitel dürfen Sie auch Ihrem Chef zeigen!

© Springer-Verlag Berlin Heidelberg 2016, M. Richter, M. D. Flückiger, *Usability und UX kompakt*, IT kompakt, DOI 10.1007/978-3-662-49828-6_6

6.1   Nutzerorientierung als Feedbackschleife

Ein nutzerorientiertes Vorgehen in einem Unternehmen zu etablieren, bedeutet in der Regel, einige zementierte Ansichten aufzubrechen. Es mag auf den ersten Blick unkonventionell erscheinen, Kundenberater und Entwickler in einem Prototyping Workshop zusammenzubringen oder einen halben Tag am Arbeitsplatz eines Benutzers zu verbringen. Und dennoch wird dies zu Erkenntnissen führen, die im weiteren Verlauf des Projekts viel Zeit und Kosten sparen werden und das Ergebnis positiv beeinflussen.

Nutzerorientierung hat zum Ziel, dass optimal auf die Benutzer zugeschnittene Lösungen erstellt werden. Dazu müssen

- Informationen über die Benutzer, deren Handlungen, Bedürfnisse, Anforderungen, Aufgaben und Umgebung systematisch in die Software- oder Produktentwicklung einfließen und
- die technischen Möglichkeiten, Grenzen und Rahmenbedingungen in einer verständlichen Form an die Benutzer zurückfließen.

Aus organisatorischer Sicht heißt dies nichts anderes, als eine Feedbackschleife zwischen Benutzern und Entwicklungseinheiten aufzubauen. Nutzerorientierte Methoden unterstützen diesen Prozess, der in Abb. 6.1 verdeutlicht wird.

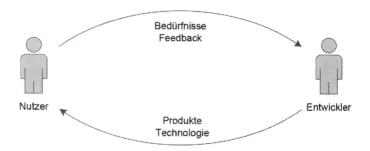

Abb. 6.1 Ziel ist eine möglichst direkte Feedbackschleife zwischen Benutzern und Entwicklung

Wer nutzerorientierte Aktivitäten in Organisationen auf diese Weise versteht, löst sich von der isolierten Betrachtung des Datensammelns, User-Interface-Gestaltens oder Usability-Testens. An die Stelle von Kritik, die dem Entwickler in Form des neusten Testberichts aus dem Usability Lab vor die Nase gehalten wird, tritt eine konstruktive Haltung: Bringt jene Stellen zusammen, die für die Entwicklung benutzbarer Lösungen unverzichtbar sind: Benutzer und Entwickler.

Nun gilt es, die notwendigen Rahmenbedingungen zu schaffen, um dieses Ziel umzusetzen. Die folgenden Abschnitte zeigen drei praxiserprobte Ansätze, um UX unternehmensweit zu platzieren: Den Aufbau eines nutzerorientierten Prozesses, die Einführung von Standards und Hilfsmitteln und die Institutionalisierung von UX im Unternehmen.

6.2   Aufbau eines nutzerorientierten Prozesses

Nutzerorientierte Aktivitäten bewegen sich organisatorisch an den Schnittstellen zwischen Geschäftseinheiten und Entwicklung; in der Praxis wird häufig vom „Business" und der „Technik" gesprochen. Die Anforderungen der Benutzer sollen erhoben werden und unter Berücksichtigung der technischen Möglichkeiten und Grenzen in die Entwicklung einfließen. Um nachhaltig für benutzbare Lösungen zu sorgen, muss ein Unternehmen einen Entwicklungsprozess etablieren, der die Feedbackschleife zwischen Business und Technik zum richtigen Zeitpunkt ermöglicht.

Um den nutzerorientierten Aktivitäten das notwendige Gewicht zu verleihen, ist es wichtig, entsprechende Rollen und Lieferergebnisse in diesen Prozess aufzunehmen und die notwendigen Ressourcen (Zeit und Budget) bereitzustellen. In einem größeren Unternehmen wurde beispielsweise die Projektrolle „Usability Engineer" definiert. Deren Verantwortung umfasste die Begleitung des Entwicklungsteams bei der Durchführung nutzerorientierter Methoden und die Erstellung von User-Interface-Konzepten als Teil der Spezifikation.

Es bringt dabei wenig, theoretisch korrekte, aber nicht akzeptierte Vorgaben einzuführen. Die nutzerorientierten Aktivitäten müssen in den bestehenden (gelebten) Entwicklungsprozess eingepasst werden. Die Berücksichtigung der folgenden Punkte erachten wir als essenziell:

- *Wissen über Benutzer konsolidieren:* Das Wissen über die Kunden und Benutzer ist in den meisten Unternehmen stark fragmentiert und auf viele Köpfe verteilt. Verschiedene Mitarbeiter halten Kontakt zu einem Ausschnitt des Marktes und erfahren von den Bedürfnissen ihrer Benutzer und Kunden. Je besser es einer Organisation gelingt, vorhandenes Wissen zu integrieren, gezielt zu erweitern und zu nutzen, desto erfolgreicher können die Lösungen auf lange Sicht sein. Techniken wie Experience Mapping (vergleiche Abschn. 9.3) sind beispielsweise dazu geeignet, Wissen und Lücken sichtbar zu machen, noch bevor eine Produktidee geboren wird.

- *Business-Analyse und Requirements Engineering:* Nutzerorientierte Methoden müssen dort ansetzen, wo Anforderungen von der Business- oder Kundenseite erarbeitet, analysiert und in Spezifikationen oder Lösungsvorschläge übersetzt werden. Dort werden die Weichen für eine benutzbare Lösung gestellt. Später im Prozess kann nur noch korrigiert werden.

- *Iteratives Vorgehen:* Es sollte ein iterativer Prozess aufgesetzt werden, in dem Anforderungen und Spezifikationen visualisiert, mit Benutzern und Geschäftseinheiten überprüft und falls notwendig angepasst werden können. Wenn formale Freigaben erfolgen oder Fachstellen Spezifikationen verabschieden müssen, dann sollten diese iterativen Tätigkeiten möglichst vorher stattfinden. Eine enge Zusammenarbeit im Team fördert diesen Prozess.

- *Gemeinsame konkrete Sprache:* Um eine benutzbare Lösung zu erreichen, müssen Benutzer, Business-Einheiten, Fachstellen und Entwickler ein gemeinsames Verständnis entwickeln. Dies ist allein mit formalen, abstrakten Beschreibungen nicht möglich. Beispielorientierte Methoden wie Szenarien, Storyboards und UX-Prototypen fungieren als verbindende Aktivitäten in der Produktentwicklung. Das User Interface ist die gemeinsame Sprache der verschiedenen Stellen und erlaubt eine effiziente Zusammenarbeit.

Checkliste für die Anpassung Ihres Entwicklungsprozesses

- *Methoden:* Welche nutzerorientierten Methoden unterstützen in welchen Phasen der Produktentwicklung am meisten?

- *Lieferergebnisse:* Eine nutzerorientierte Methodik verwendet bestimmte Ergebnisse und Modelle, um Lösungen zu erarbeiten und Resultate festzuhalten. Welche benötigen Sie? Sollen diese mit bestehenden Lieferergebnissen zusammengeführt, zusätzlich erstellt oder bestehende ersetzt werden?

- *Werkzeuge:* Beim Erstellen informeller, bildlicher und auf Prototypen basierender Ergebnisse können geeignete Werkzeuge helfen (siehe Abschn. 4.4 „Prototyping Tools und -Komponenten"). Wie können Sie von bestehenden Tools profitieren, welche Werkzeuge müssen Sie neu einführen?

- *Feedbackschleife:* Ein nutzerorientiertes Vorgehen analysiert, interpretiert, erarbeitet Lösungsvorschläge und überprüft diese mit Benutzern in einem iterativen Prozess. Wo lassen sich solche Feedbackschleifen in Ihrem Unternehmen integrieren?

- *Rollen und Tätigkeiten:* Ein nutzerorientierter Prozess führt zu neuen Tätigkeiten und Projektrollen. Wer in Ihrem Unternehmen kann diese wahrnehmen? Wie funktioniert die Zusammenarbeit im Team?

- *Expertise:* Nutzerorientierung benötigt neue Fähigkeiten der Mitarbeiter. Wie kann Ihr Unternehmen diese gezielt aufbauen und die Mitarbeiter entsprechend weiterentwickeln?

- *Prinzipien:* Nutzerorientierung baut auf bestimmten Prinzipien auf (vergleiche Kap. 8). Auf welchen Prinzipien gründet der Entwicklungsprozess in Ihrem Unternehmen? Könnte dies zu Widersprüchen führen?

6.3 Standardisierung: eine gemeinsame Sprache

Unternehmens-Styleguides

In Kap. 4 über nutzerorientierte Methoden wurde gezeigt, wie User Interface Storyboards und UI-Prototypen verwendet werden können, um die Anforderungen zwischen Business und Technik auszutauschen. Sie haben den Einsatz von Styleguides auch bereits als wichtiges Mittel für die Entwicklung einheitlicher Benutzerschnittstellen kennengelernt (vergleiche Abschn. 4.6). In allen Fällen übernimmt das User Interface die Funktion einer gemeinsamen Sprache zwischen den Beteiligten. Aus organisatorischer Sicht verkörpern Unternehmens-Styleguides gewissermaßen Wörterbuch und Grammatik dieser Sprache, indem sie User-Interface-Elemente mit Bezeichnungen und Anwendungsregeln festlegen. Durch eine solche Standardisierung können Konsistenz und Qualität der erstellten User Interfaces in einem Unternehmen nachhaltig verbessert werden.

Die Entwicklung eines Unternehmens-Styleguides ist besonders lohnenswert, wenn viele ähnliche Anwendungen realisiert werden, die sich bezüglich Zielgruppe, Verwendungszweck und eingesetzter Technologie gleichen. Dann lassen sich standardisierte User-Interface-Elemente definieren, die in verschiedenen Projekten verwendet werden können. Bei stark unterschiedlichen Anwendungen oder schnell wechselnden Technologien ist der Aufwand für die Ausarbeitung und Aktualisierung eines Unternehmens-Styleguides dagegen sehr hoch.

Der Aufwand für den Einigungsprozess bei der Erarbeitung eines Unternehmens-Styleguides sollte nicht unterschätzt werden. Oft müssen Anforderungen aus vielen unterschiedlichen Projekten abgestimmt und auf einen gemeinsamen Nenner gebracht werden. Zudem gilt es, zahlreiche Aspekte wie Ergonomie, technische Umsetzbarkeit, Corporate Design, Ästhetik und einige mehr zu berücksichtigen.

Unternehmens-Styleguides sollten keinesfalls als bloßes Regelwerk die strikte (und manchmal blinde) Einhaltung von Vorgaben erzwingen. Ein guter Styleguide trägt dazu bei, dass Anwendungen schneller und einfacher erstellt werden können. Styleguides entfalten in einem Unternehmen nur dann ihre Stärke, wenn sie mit guten Beispielen und Hilfsmitteln ein gemeinsames Verständnis und das sinnvolle Anwenden der Regeln fördern. Der folgende Abschnitt beschreibt zwei solcher Hilfsmittel.

Prototyping Tools und -Komponenten

Es ist immer wieder verblüffend, wie Personen auf abstrakter Ebene aneinander vorbei diskutieren und welche Missverständnisse sich klären, sobald jemand eine erste Skizze einer Benutzerschnittstelle auf ein Blatt Papier kritzelt. Was im Kleinen funktioniert, nützt auch im Rahmen einer größeren Organisation: Die Visualisierung von Anforderungen durch

User-Interface-Entwürfe hilft, Missverständnisse zu vermeiden. Dieser Prozess kann mit folgenden Hilfsmitteln unterstützt werden:

Prototyping Tools stellen die in einem Unternehmens-Styleguide definierten User-Interface-Elemente zur Erstellung erster Entwürfe zur Verfügung (siehe auch Abschn. 4.4). Je einfacher diese Werkzeuge sind, desto eher sind auch technisch unbedarfte Personen bereit, ihre Ideen und Vorstellungen auf Papier zu bringen. Elementsammlungen für einfache Zeichnungswerkzeuge oder bereits vorhandene Office-Applikationen, mit denen Benutzeroberflächen baukastenartig zusammengestellt werden können, haben sich dafür bewährt. Abb. 6.2: zeigt ein Werkzeug auf Basis von Microsoft Visio® zur Erstellung einfacher User-Interface-Prototypen. Die vordefinierten GUI-Elemente entsprechen den Vorgaben eines Unternehmens-Styleguides.

Auf der anderen Seite können die definierten GUI-Elemente in Form ausprogrammierter Komponenten für die Entwicklung zur Verfügung ge-

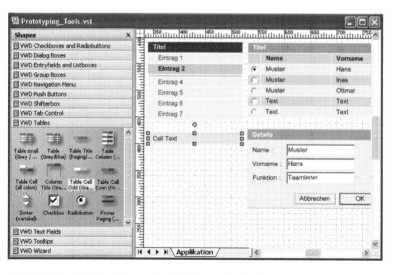

Abb. 6.2 Ein einfaches Prototyping-Werkzeug erlaubt die Visualisierung von Anforderungen in Form von GUI-Entwürfen. Solche Hilfsmittel führen in Unternehmen zu einer höheren Qualität und Konsistenz der Benutzerschnittstellen über verschiedene Projekte hinweg

stellt werden. Solche Komponenten erleichtern den Entwicklern die Einhaltung der Styleguide-Vorgaben und erhöhen die Qualität der erstellen User Interfaces. Selbstverständlich muss der Aufwand hierfür wie bei jeder Engineering-Tätigkeit sorgfältig abgewogen werden.

Die Kombination von Styleguides, Prototyping Tools und GUI-Komponenten übt eine Schlüsselfunktion für einen nutzerorientierten Prozess aus:

- UI-Elemente mit einer konsistenten Bezeichnung und Verwendung erlauben einen durchgängigen Prozess von der Spezifikation bis zur Implementierung und vereinfachen die Kommunikation und das Verständnis zwischen Benutzern, Geschäftseinheiten und Entwicklern.
- Die technischen Möglichkeiten sind schon in der Spezifikation sichtbar und werden auch von Nicht-Technikern verstanden. Geschäftseinheiten sind damit in der Lage, ihre Anforderungen innerhalb der technischen Rahmenbedingungen zu formulieren und bereits mit ersten Entwürfen zu visualisieren.

6.4   Institutionalisierung: eine nutzerzentrierte Kultur

Ein eigenes UX-Team

Der Wandel zu einer nutzerzentrierten Kultur bedeutet für ein Unternehmen in der Regel eine Abkehr von festgefahrenen Praktiken und Strukturen. Während kleinere Organisationen in der Regel Usability- und UX-Dienstleistungen spezialisierter Anbieter in Anspruch nehmen, kann es sich für größere Unternehmen mit einer Vielzahl von Entwicklungsprojekten lohnen, ein eigenes UX-Team aufzubauen. Know-how im Hause zu haben, bringt eine Reihe von Vorteilen mit sich:

- Experten unterstützen langfristig die Etablierung nutzerorientierter Methoden im Entwicklungsprozess und können mit internen Marketingmaßnahmen und Schulungen das Bewusstsein für das Thema nachhaltig stärken.
- Das Team baut das erforderliche Bereichs- und Branchenwissen auf.

- Interne Spezialisten können bereits in frühen Phasen eines Projekts mitwirken, wenn unter Umständen noch kein externes Budget verfügbar ist.

Die Nachteile sind:

- Die für Usability und UX positive unvoreingenommene externe Sicht geht mit der Zeit verloren; es stellt sich auch beim besten Usability-Spezialisten eine gewisse „Betriebsblindheit" ein.
- Die Akzeptanz ist oftmals geringer als gegenüber externen Spezialisten. Intern wird das Vertreten der Benutzersicht oft als Kritik empfunden, während man von Externen gerne die ungeschminkte Wahrheit sucht.

Chefsache: eine nutzerzentrierte Geschäftsstrategie

Kundenzufriedenheit, einfach zu benutzende Produkte und effiziente Prozesse stehen ganz oben auf der strategischen Landkarte vieler Unternehmen. Immer öfter erscheinen Usability und UX auch als Begriffe in Strategiepapieren und Visionsdokumenten. Was fehlt, ist indessen der Bezug zu der Planung und den Aktivitäten, die helfen sollen, diese strategischen Ziele zu erfüllen.

UX ist ein Qualitätskriterium, das durch nutzerorientierte Methoden im Entwicklungsprozess erhöht werden kann. Die Geschäftsleitung muss definieren, mit welcher Priorität und mit welchen Ressourcen dieses Ziel verfolgt werden soll. Abb. 6.3 stellt die Abhängigkeiten dar, die es dabei zu berücksichtigen gilt: Qualität, Funktionsumfang, Entwicklungszeit und Kosten stehen in einem Zielkonflikt.

Es kann für einen Marktführer zum Beispiel wichtig sein, als erstes Unternehmen ein neues Produkt mit gegebenem Funktionsumfang und gerade noch akzeptabler Qualität zu lancieren und dafür hohe Kosten in Kauf zu nehmen. Es ist hingegen nicht möglich, alle vier angegebenen Aspekte gleichzeitig zu optimieren. Wer eine Applikation mit hohem Funktionsumfang in kurzer Zeit durchboxen will, darf sich nicht wundern, wenn das Nutzungserlebnis für die späteren Anwender auf der Strecke bleibt.

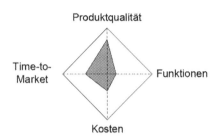

Abb. 6.3 Bei jeder Produktentwicklung bestehen Zielkonflikte zwischen angestrebter Qualität, notwendiger Entwicklungszeit, Funktionsumfang des Produktes sowie Ressourcen und Kosten. UX ist ein Qualitätskriterium und sollte deshalb auf strategischer Ebene sichergestellt werden

Die ISO-Norm 9241-210 [ISO 10] nennt folgende wichtige Gründe für die Anwendung menschzentrierter Gestaltungsprozesse:

- Steigerung der Produktivität der Benutzer und der Wirtschaftlichkeit von Organisationen,
- Reduktion der Kosten für Schulung und Betreuung,
- Erhöhung der Gebrauchstauglichkeit für Menschen mit einer größeren Bandbreite von Fähigkeiten und dadurch erhöhte Zugänglichkeit,
- Verbesserung der User Experience,
- Reduktion von Unbehagen und Stress,
- Wettbewerbsvorteil, zum Beispiel durch Schärfen des Markenbilds,
- Beiträge zum Erreichen von Nachhaltigkeitszielen.

Die Entscheidung für Qualität ist eine wesentliche Voraussetzung, dass nutzerorientierte Aktivitäten im Unternehmen mit der erforderlichen Priorität durchgeführt werden können. Dann können Usability und UX zum Unternehmenserfolg beitragen, Kunden nachhaltig begeistern und Mitarbeitern wirklich effiziente Anwendungen liefern. Ein Unternehmen kann so weit gehen, dass es der User Experience ein strategisches Gewicht verleiht und auf Führungsebene die Nutzungsqualität gegenüber anderen Interessen durchsetzt, etwa gegenüber einer Marketingabteilung, die mehrheitlich die Features der Konkurrenz zu übertrumpfen versucht oder gegenüber einer allzu technologiegetriebenen Forschungs- und Entwicklungsabteilung.

Denkanstoß

Spiegelt die Vision Ihres Unternehmens die originären Bedürfnisse Ihrer Kunden wider? Leiten sich Ihre Mission Statements aus den grundlegenden Problemen der Benutzer ab oder stehen vielmehr technologiegetriebene Ansätze dahinter?

Google publiziert auf seiner Website (www.google.com) die Firmenphilosophie in zehn Punkten. Der erste Punkt ist: „Der Nutzer steht an erster Stelle – alles Weitere folgt von selbst." Was ist das Leitbild Ihres Unternehmens?

6.5   Wie sieht es in Ihrem Unternehmen aus?

Überlegen Sie sich die folgenden Punkte für das Unternehmen, in dem Sie arbeiten. Betrachten Sie das letzte Projekt, an dem Sie beteiligt waren.

- Auf welchem Weg gelangen heute die Bedürfnisse der Benutzer in die Entwicklung?
- Welches sind die beteiligten Stellen, Prozesse und Instrumente?
- Wie erfolgt das Feedback der Benutzer?
- Wie zufrieden waren die Benutzer mit dem Resultat? Ist dies überhaupt bekannt?

Beurteilen Sie Schwachstellen und Stärken dieses Vorgehens. Wo können Sie mit der gezielten Institutionalisierung nutzerorientierter Aktivitäten eine Verbesserung erreichen?

Denkanstoß

Betrachten Sie die folgenden realen Beispiele anhand der aufgeführten Punkte. Gibt es typische Muster?

Beispiel 1

In einer Großbank wird eine spezialisierte Applikation für Kundenberater von einer internen Software-Entwicklungsabteilung erstellt.
Die Anforderungen der Geschäftseinheiten werden von Benutzervertretern eingebracht und von einer speziellen Einheit von Business-
Analysten gesammelt. Sie erstellen Spezifikationen und geben diese in Form von umfangreichen Dokumenten an die Entwickler weiter.
Der Entwicklungsprozess des Unternehmens sieht Sign-offs vor, in
denen die Spezifikationen von den verschiedenen Fachstellen geprüft
und freigegeben werden, bevor schließlich implementiert wird. Zwischen den Entwicklungs- und Business-Einheiten gibt es keine direkte
Kommunikation. Die Kundenberater werden erstmalig bei Einführung mit der neuen Anwendung konfrontiert. Die Akzeptanz für die
neue Lösung ist denkbar schlecht, die Kundenberater arbeiten mehrheitlich mit dem alten System weiter.

Beispiel 2

Im Bereich der öffentlichen Verwaltung ist eine zentrale Einheit für
die Definition und Einführung neuer IT-Lösungen für die rund 40 Geschäftsstellen mit Kundenkontakt zuständig. Um die Anforderungen
zu sammeln, finden regelmäßige Boardmeetings der Geschäftsstellen-
leiter mit dem Leiter der zentralen Einheit statt. Die Anforderungen
werden dokumentiert und zum größten Teil an externe IT-Dienstleis-
tungsanbieter in Auftrag gegeben. Bei der zentralen Einheit arbeiten
zwei bis drei ehemalige Geschäftsstellen-Mitarbeiter, die das Wissen
über die Geschäftsfälle einbringen und die zudem den telefonischen
Support für die Geschäftsstellen übernehmen. Das Feedback aus den
Geschäftsstellen ist unterschiedlich, die eingeführten Lösungen sind
vielfach zu komplex.

Beispiel 3

In einem Unternehmen der Maschinenbauindustrie ist die Forschungs-
und Entwicklungsabteilung zuständig für die Weiterentwicklung der
Maschinen. Die Kundschaft ist international und umfasst unterschiedliche Kulturen. Der Produktmanager formuliert zusammen mit dem
Marketing die Anforderungen an die neue Produktlinie und hält diese in einem Lastenheft fest. Als Grundlage dienen das Feedback

der Vertriebsgesellschaften und die Features der Konkurrenz. Im Entwicklungsprojekt werden Maschine, Steuerung und Bedienpanel voneinander getrennt spezifiziert und entwickelt. Erstes Feedback durch Kunden erhält das Projekt an Fachmessen und durch ausgewählte Verkäufer an Marketingveranstaltungen. Die Maschine integriert sich gut in den Produktionsprozess der Kunden, ist jedoch umständlich zu benutzen und für angelerntes Personal kaum verständlich.

Darauf sollten Sie achten

In vielen Fällen können Benutzer und Projektteam nicht direkt miteinander kommunizieren. Vielleicht gibt es noch gar keine Benutzer für ein neues Produkt, oder die Benutzer sind schwer greifbar. Oft erzeugen Entscheidungsträger aber Distanzen und Barrieren aus unternehmerischen Überlegungen mit entsprechenden Auswirkungen auf die Kommunikation:

- *Geografische Entfernung:* Die Software- oder Produktentwicklung aus Kostengründen an einen billigeren Standort auszulagern, erzeugt Distanz zum eigentlichen Geschäft und damit schwierigere Kommunikationswege.
- *Kulturelle Hürden:* Neben der geografischen Distanz kommen Sprachbarrieren und Kulturunterschiede hinzu.
- *Unternehmensgrenzen:* Technische Funktionen werden an Drittfirmen und deren Zulieferer vergeben. Im internationalen Geschäft wird zusätzlich über Vertriebspartner und Servicestellen gearbeitet. Prozesse, Management und Unternehmensziele sind unterschiedlich.
- *Organisatorische Entfernung:* Auch innerhalb eines Unternehmens sind Benutzer organisatorisch von der Entwicklung weit entfernt. Auch wenn Zwischenstellen wie Benutzervertreter, Business-Analysten, Vorgesetzte und Fachstellen wichtige koordinierende Funktionen übernehmen, muss der Informationsfluss dabei viele Stellen durchlaufen.
- *Methodische Lücken:* Business-Analysten halten Anforderungen in abstrakten Spezifikationen fest, Marktforschungseinheiten verpacken

Erkenntnisse über Zielgruppen in Statistiken und Vorgesetzte fassen Benutzerbedürfnisse zusammen. So notwendig die Konsolidierung der Benutzeranforderungen auch ist – falsche Methoden verhindern, dass wichtige Informationen über die Benutzer den Weg zu den Entwicklern finden.

*Die einen, so scheint mir, haben viele Werkzeuge
und wenig Ideen; die anderen haben viele Ideen
und gar keine Werkzeuge. (Denis Diderot)*

In diesem Kapitel möchten wir Ihnen vier Projekte präsentieren, die den
Einsatz der vorgestellten nutzerorientierten Methoden in der Software-
und Produktentwicklung näher beleuchten. Vielleicht kommt Ihnen die
eine oder andere Herausforderung bekannt vor?

7.1 Fallstudie 1: Usability und Requirements Engineering sorgen für gutes Klima

Im Rahmen der Neuentwicklung einer Berechnungs- und Auslegungs-
software für einen Hersteller von Luftbefeuchtungsanlagen wurden Usa-
bility- und Requirements-Engineering-Aufgaben so integriert, dass mit
wenig Aufwand eine effiziente und einheitliche Anwendung entstand.

© Springer-Verlag Berlin Heidelberg 2016, M. Richter, M. D. Flückiger,
Usability und UX kompakt, IT kompakt, DOI 10.1007/978-3-662-49828-6_7

Steckbrief

Benutzer	Verkäufer der verschiedenen Ländervertretungen
Produkt	Software zur Auslegung von Luftbefeuchtungs-Anlagen mit Produktkatalog
Usability- und UX-Ziele	Verkaufsprozess effektiv und effizient gestalten, Konsistenz über alle Produktfamilien
Projektphase	Vision bis Realisierung
Methoden	Personas und Szenarien, Contextual Inquiry, UI Storyboards, UX Prototyping, Use Cases, Usability Walkthroughs

Ausgangslage

Luftbefeuchtungsanlagen kommen in den unterschiedlichsten Anwendungsgebieten zum Einsatz. In Bürogebäuden oder Einkaufszentren soll beispielsweise ein gesundes und angenehmes Luftklima entstehen, Krankenhäuser sind auf optimale Hygiene angewiesen, in Lebensmittellagern dürfen die Kartoffeln nicht verfaulen, während auf Baustellen die Aushärtung des Betons nur mit der notwendigen Luftfeuchtigkeit optimal verläuft. Dafür stehen unterschiedliche Technologien und Komponenten zur Verfügung, die beispielsweise durch Verdampfung oder Einspritzung für die richtige Luftfeuchtigkeit sorgen.

Für eine erste Berechnung und Auslegung solcher Luftbefeuchtungsanlagen kommen Software-Anwendungen zum Einsatz, die den Verkäufer in der richtigen Auswahl und Dimensionierung der Komponenten für die Angebotserstellung unterstützen. Bei größeren Projekten sind auf Kundenseite meist externe Planer für die Konzipierung der Befeuchtungsanlagen verantwortlich.

Die bisher eingesetzten Berechnungsprogramme sind komplex und umständlich und zudem für jede Produktfamilie und Technologie unterschiedlich.

Herausforderungen

- Bei Projektstart ist noch nicht sicher, ob die neue Software ausschließlich für die Verkäufer oder alternativ auch für die externen Planer der Luftbefeuchtungsanlagen zum Einsatz kommen soll.
- Die neue Anwendung soll in den Ländervertretungen des Unternehmens weltweit eingesetzt werden. Die Ländervertretungen unterscheiden sich nicht nur in Sprache und regionalen Anforderungen, sondern auch stark bezüglich Größe, Verkaufsprozess und anzubindenden Systemen.
- Für verschiedene Produktfamilien stehen unterschiedliche Berechnungsprogramme und Produktkataloge zur Verfügung. Eine Herausforderung besteht darin, eine einheitliche Applikation zu erstellen, welche die gesamte Produktpalette des Unternehmens integriert, und dabei jegliche unnötige Komplexität für die Benutzer vermeidet.

Vorgehen

Die ersten Workshops mit dem Auftraggeber dienten der Analyse des Verkaufsprozesses im Hinblick auf die neue Lösung. Eine genauere Betrachtung der potenziellen Benutzergruppen ergab, dass die Bedürfnisse der Verkäufer und jene der Planer auf Kundenseite sich so stark unterschieden, dass sie nicht gleichzeitig mit der neuen Anwendung adressiert werden konnten. Als wichtiger Schritt musste deshalb die Zielgruppe eingegrenzt werden. Die Verantwortlichen entschieden, die geplante erste Version der Software ausschließlich für die Verkäufer zu entwickeln.

In einem Benutzerworkshop kamen Teilnehmer aus fünf verschiedenen Ländervertretungen zusammen, um realistische Personas und Anwendungsszenarien für den Einsatz der neuen Software zu erarbeiten. Die Szenarien lieferten eine wichtige Basis für die optimale Unterstützung eines typischen Verkaufsablaufs und dienten der Eingrenzung und Fokussierung des Funktionsangebotes für die Benutzer. Der Austausch zwischen den Teilnehmern erlaubte auch eine erste Abgrenzung der neuen Software gegenüber den in den Ländervertretungen eingesetzten Systemen, beispielsweise zur Erstellung und Ablage der schriftlichen Angebote oder für die Nachbestellung von Produkten und Komponenten bei der Muttergesellschaft.

Als nächster Schritt erfolgte ein Besuch in einer typischen Vertretung im Ausland. Die Verkäufer gaben Auskunft über ihren Arbeitsablauf vom Anruf des Kunden bis zur schriftlichen Angebotserstellung. Einige kritische Arbeitsschritte wurden vor Ort live beobachtet. Dabei konnten weitere wertvolle Informationen über die Arbeitsplätze, Prozesse und das Umfeld für den Einsatz der Software gesammelt werden. Die erarbeiteten Anforderungen wurden in einem Visionsdokument zusammengefasst.

Mit User Interface Storyboards holte das Team in kurzen Zyklen Feedback von den Fachvertretern ein. Die Storyboards zeigten die

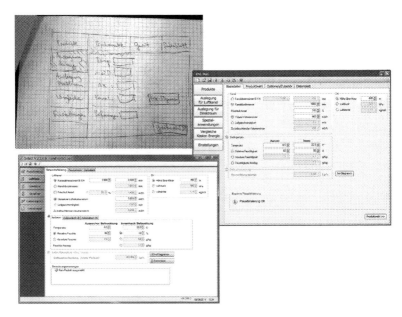

Abb. 7.1 *Oben*: Grundlegende UI-Konzepte wurden mit einfachen Handskizzen visualisiert. Die Zeichnung zeigt einige für die Berechnung der Luftfeuchte notwendige Parameter sowie die Einbettung in den vorgesehenen Dialogablauf. *Mitte*: Die verfeinerten Dialoge wurden in einem detaillierten UI-Storyboard in Zusammenhang gebracht. Die Screens wurden mit MS Visio® erstellt. *Unten*: Derselbe Screen im lauffähigen Prototyp

Abläufe für die Auswahl und Berechnung der Komponenten der Befeuchtungsanlagen und gaben einen ersten Eindruck der vorgesehenen GUI-Konzepte der Applikation. Abb. 7.1 zeigt verschiedene Ausführungen.

Auf Basis dieser Storyboards und der dokumentierten Anforderungen erstellte das Team einen lauffähigen UI- und Architektur-Prototyp, der weitere Feedbackrunden am sichtbaren Objekt erlaubte. Parallel dazu wurden die funktionalen Abläufe mit Anwendungsfällen weiter beschrieben und in mehreren Iterationen detailliert.

Der Prototyp ermöglichte bald, in Usability Walkthroughs das Feedback der Benutzer einzuholen. Dazu bearbeiteten die Verkäufer mit dem Prototyp eine fiktive Kundenanfrage. Die Ergebnisse der Walkthroughs flossen in Form von weiteren Optimierungen in den Prototyp ein.

Die vollständige Realisierung der Applikation erfolgte schließlich auf Basis des Prototyps sowie der Spezifikation bestehend aus den Use-Case-Beschreibungen und zusätzlichen Anforderungen.

Nutzen und Fazit

- Mit der aktiven Eingrenzung der Zielgruppe in einer frühen Projektphase wurde die Produktvision wesentlich fokussierter. Dies war ein erster wichtiger Schritt zur Vermeidung unnötiger Funktionen und die Voraussetzung für eine effiziente Nutzung der neuen Software.
- Durch das frühe Einbeziehen von Benutzern aus verschiedenen Ländervertretungen und die gemeinsame Erarbeitung von Anwendungsszenarien konnten unterschiedliche Bedürfnisse sofort adressiert und ein gemeinsames Verständnis erzielt werden.
- Die Visualisierung der Arbeitsabläufe mit User Interface Storyboards und Prototypen erlaubte eine frühe Überprüfung der Anforderungen. Die Zusammenführung der verschiedenen Produktfamilien für die Luftbefeuchtung in eine einheitliche Lösung wurde sichtbar und konnte vom Produktmanagement und den Fachvertretern jederzeit begutachtet werden. Dank des iterativen Vorgehens konnten Lösungsvorschläge schnell auf die Bedürfnisse der Benutzer angepasst werden.

- Die parallele Erstellung des Prototyps und der Use Cases stellte sich als sehr effizientes Vorgehen heraus. Der Prototyp erlaubte es, die einzelnen Schritte der Anwendungsfälle am sichtbaren Objekt spielerisch nachzuvollziehen, während die Use Cases mit Alternativ- und Fehlerabläufen die Spezifikation vervollständigten. GUI-Abläufe und Use Cases befruchteten sich so gegenseitig.

- Die Vorgehensweise mit schlanken Methoden aus dem Usability- und Requirements Engineering führte mit wenig Aufwand zu guten Resultaten und insgesamt zu einer vergleichsweise kurzen Projektlaufzeit.

7.2 Fallstudie 2: Usability Engineering von A bis Z

Usability Engineering begleitet ein Projekt idealerweise in seiner ganzen Dauer, von den ersten Ideen bis zum Betrieb. Im Rahmen eines Projekts im Bahnumfeld wurden nutzerorientierte Methoden durchgängig in die Entwicklung integriert. Dies stellte sicher, dass die Anwender eine Software erhielten, die den hohen Anforderungen ihrer täglichen Arbeit gerecht wurde.

Steckbrief

Benutzer	Operatives Personal mehrerer Bahnverkehrsunternehmen
Produkt	Individualsoftware für die Behandlung von Störungen im Bahnverkehr
Usability- und UX-Ziele	Schnell und mit wenigen Fehlern in einer anspruchsvollen Situation kommunizieren
Projektphase	Vision, Konzept, Realisierung in zwei Schritten
Methoden	Contextual Inquiry & Design, Storyboards, UX Prototyping, Usability Walkthroughs und Tests, Rollenspiele, Feedback-Fragebögen

Ausgangslage

Tritt im Bahnverkehr eine Störung auf, wird innerhalb weniger Minuten eine große Anzahl von Personen aktiv, um diese Störung zu beheben und die Auswirkungen auf die Kunden sowie die Züge zu minimieren. Dazu müssen viele Detailinformationen und Entscheidungen kommuniziert werden: Wie verläuft die Störung, was soll mit den betroffenen Zügen geschehen, wie können die Reisenden möglichst pünktlich an ihr Ziel gebracht werden und mehr. Bei größeren Ereignissen, beispielsweise wenn eine Strecke überhaupt nicht mehr befahren werden kann, werden vorbereitete Notfallkonzepte eingesetzt.

Die bisher übliche Kommunikation per Telefon ist redundant, fehlerbehaftet und kostet wertvolle Zeit, die für die eigentliche Ereignisbewältigung fehlt. Das neue System soll diese Informationen präzise und zuverlässiger zu den Benutzern bringen, sodass diese schnell und richtig handeln können.

Herausforderungen

- Tritt eine Störung ein, sind die Anwender vollauf mit deren Bewältigung beschäftigt. Überflüssige Information ist möglichst zu vermeiden und der Aufwand für die Bedienung der Software zu minimieren.
- Mehrjährige Erfahrung und großes Fachwissen ist für die Störungsbehandlung notwendig – Wissen, das nur langjährige Mitarbeiter besitzen. Diese müssen deshalb in das Projekt eingebunden werden.
- Die Benutzer verlassen sich auf die Informationen im System. Falsche oder fehlende Angaben können kostspielige Folgen haben.

Vorgehen

Ein Team aus Anwendern und Fachexperten wurde von einem Usability Engineer unterstützt und legte mit Requirements Engineering und nutzerorientierten Methoden die Basis für die Entwicklung. Anhand von Fallbeispielen skizzierte das Team Ideen und Ansätze mit Mock-ups auf Papier. Abb. 7.2 zeigt gemeinsam erstellte Skizzen aus den Workshops.

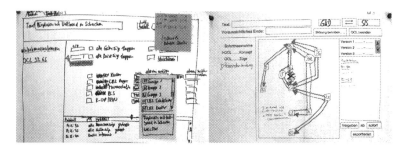

Abb. 7.2 In Workshops mit Benutzern, Fachexperten und Usability Engineers wurden Anforderungen an die neue Software gemeinsam in Skizzen erarbeitet. Die Skizzen zeigen erste Konzepte zur effizienten Behandlung von Störungen im Bahnbetrieb. (© Schweizerische Bundesbahnen, 2009)

Ebenfalls analysierte das Team die Kommunikation in einer Störung. Dazu wurden Videokameras aufgestellt – mit der Bitte, diese in einem Störungsfall einzuschalten. Diese Aufnahmen und die anschließenden Interviews lieferten nicht nur wertvolle Detailkenntnisse, sondern schärften auch die Produktvision. Es zeigte sich beispielsweise, dass die Disponenten viele Informationen entgegennahmen und weitergaben – und wenig Zeit für die eigentliche Behandlung der Störung übrig blieb. Die Disponenten von der Rolle einer Informationszentrale zu entlasten, wurde zu einem wichtigen Fokus für die Software.

Die gefestigte Vision ermöglichte es nun, die vielen gesammelten Lösungsansätze zu konsolidieren und zu detaillieren. Das Team erstellte dabei insbesondere ein Storyboard. Dieses visualisierte das neue System zum ersten Mal mit vielen wichtigen Details des User Interfaces, der angebundenen Systeme und im Zusammenhang mit der täglichen Arbeit. Nutzen und Bedenken konnten mit Mitarbeitern und Vorgesetzten diskutiert werden. Des Weiteren untersuchte das Projektteam die Auswirkungen auf die Prozesse. Rollenspiele halfen, die notwendigen Änderungen an den Prozessen abzuschätzen und ein erstes Gefühl für die Umsetzbarkeit zu gewinnen.

Schließlich wurde ein interaktiver Prototyp erstellt. Dieser zeigte einen großen Teil der geplanten Funktionen und war zusammen mit einer Anforderungsdokumentation der Ausgangspunkt für die Entwicklung. Aber erst, nachdem der Prototyp in Usability Walkthroughs die Nützlichkeit des Systems hinreichend belegt hatte.

Für die nun startende Entwicklung wurde das Team um Software-Entwickler und einen Interaction Designer erweitert. Nutzerorientierte Methoden wurden fortschreitend eingesetzt. Einerseits arbeitete das Team mit Mock-ups die Benutzerschnittstelle im Detail aus. Andererseits gaben punktuell eingesetzte Usability-Tests Sicherheit und das nötige Wissen, um schwierigere Design-Probleme zu lösen. Beispielsweise wurde im mobilen Usability Lab die Geschwindigkeit der Tastatureingaben optimiert. Das iterative Vorgehen ermöglichte es dem Projektteam, noch vor Ablauf des Projekts eine erste Version in Betrieb zu nehmen. Das ungeschminkte Feedback der täglichen Arbeit konnte so in die Entwicklung einfließen. Abb. 7.3 zeigt einen Screenshot der fertigen Software.

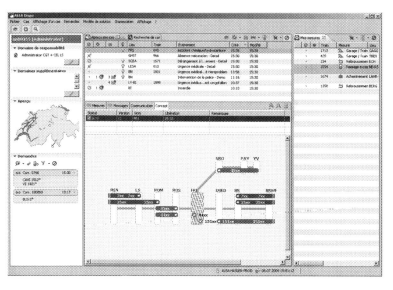

Abb. 7.3 Screenshot der fertigen Software mit Übersicht, Störungsmeldungen und Störungsbehandlung mit Visualisierung für das operative Bahnpersonal. (© Schweizerische Bundesbahnen, 2009)

Nutzen und Fazit

- Experten der täglichen Arbeit, also künftige Benutzer, waren kontinuierlich im Projekt eingebunden. Das kritische Wissen der Störungsbehandlung war im Team verfügbar. Diese Teamzusammensetzung legte die Basis für die Nützlichkeit der Software.
- Nutzerorientierte Methoden waren nicht allein das Arbeitsmittel eines Experten, sondern des Projektteams als Ganzem. Insbesondere auch die Anwender im Projektteam wurden in der Anwendung der Methoden geschult. So konnte jeder im Rahmen seiner Tätigkeit zur guten Benutzbarkeit beitragen.
- Dadurch, dass die Nutzungsqualität systematisch und von Beginn an betrachtet wurde, besaßen realisierte Teile bereits eine hohe Usability. Während der Entwicklung selber konnten deshalb die im Verhältnis aufwändigen Usability-Tests sehr gezielt und damit sehr effizient eingesetzt werden: in erster Linie zur Optimierung besonders schwieriger Aspekte.
- Die komplexen Tätigkeiten waren in einer künstlichen Situation, wie sie beispielsweise in einem Usability Lab erzeugt werden kann, nur ungenügend nachstellbar. Es war deshalb notwendig, bereits früh eine erste Version in Betrieb zu nehmen, um auf eventuelle Unzulänglichkeiten reagieren zu können.

7.3 Fallstudie 3: User Centered Innovation – Simulierte Realität

Wie kann Nutzerorientierung die frühen Projektphasen unterstützen, wenn weder Produkt noch Benutzer vorhanden sind? Diese Fallstudie beschreibt das nutzerorientierte Vorgehen für die Planung und Konzeption einer neuen Fernbedienung für Hörgeräte.

Steckbrief

Benutzer	Personen mit Hörschwächen
Produkt	Fernbedienung für Hörgeräte
Usability- und UX-Ziele	Dem Benutzer eine effiziente Einstellung auf die aktuelle Hörsituation ermöglichen; Komplexität vermeiden; unauffälliges, attraktives, hochwertiges Design
Projektphase	Vorprojektphase, Analyse, Vision, Konzept, Requirements
Methoden	Interviews, Personas und Szenarien, Interaktionsdesign, UX Prototyping, Usability Testing

Ausgangslage

Die meisten Hörgeräte verfügen heutzutage über verschiedene Einstellmöglichkeiten, mit denen der Hörgeräteträger die jeweilige Hörsituation beeinflussen kann. Personen mit eingeschränktem Hörvermögen können beispielsweise die Lautstärke optimal auf ihre Bedürfnisse einstellen und zwischen Programmen für spezielle akustische Situationen wechseln. Die Bedienung findet je nach Modell entweder direkt am Hörgerät statt oder alternativ über eine spezielle Fernbedienung, die der Benutzer bei sich trägt.

Aktuell angebotene Fernbedienungen bieten umfangreiche Funktionen, sind aber für viele Benutzer zu komplex. Eine zukünftige Produktpalette von Hörgeräten soll deshalb eine neuartige, stark vereinfachte Fernbedienung beinhalten. Diese neue Fernbedienung soll klein, leicht und sehr einfach in der Handhabung sein. Die Anforderungen der Träger von Hörgeräten an eine solche Fernbedienung sind aber noch weitgehend unbekannt.

Herausforderungen

- Das Projekt befindet sich in einer frühen Innovationsphase mit sehr vielen Freiheitsgraden für das zukünftige Produkt. Zielgruppen, Funktionsumfang, Größe und Form, technologische Lösungsvarianten, Tastenbelegung und viele andere Punkte sind noch offen und entsprechend viele unterschiedliche Meinungen und Vorstellungen über mögliche Lösungsansätze existieren im Unternehmen.

- Bei den potenziellen Benutzern, den Trägern von Hörgeräten, handelt es sich um eine schwer einzugrenzende Zielgruppe mit unterschiedlichen Bedürfnissen. Ein Großteil sind ältere Personen mit zunehmendem Hörverlust. Komplexe Funktionen und Bedienvorgänge sollten gerade für ältere Menschen vermieden werden. Eigenschaften und Verhaltensmuster, wie beispielsweise der Grad an Mobilität und Aktivitäten unterscheiden sich aber individuell stark. Dies führt zu abweichenden Anforderungen, was Häufigkeit und Art der Bedienung ihrer Hörgeräte anbelangt.

- Die Aufgabe des neuen Produkts ist das situative Anpassen des Hörgerätes für ein optimales Hören. Solche Hörsituationen sind nur schwer beobachtbar. Die für die Benutzer passende Einstellung ist für Außenstehende nicht objektiv nachvollziehbar.

- Die akustische Erlebniswelt und wichtige Konzepte bei der Bedienung von Hörgeräten lassen sich nur schwer in Worte fassen und beschreiben. Ein gemeinsames Verständnis für alle Projektbeteiligten ist deshalb umso wichtiger.

Vorgehen

In einer ersten Phase erfolgte eine Bestandsaufnahme im Unternehmen, um relevante Informationen über Hörgeräteträger und die Verwendung und Bedienung von Hörgeräten zusammenzutragen. Diese Analyse bestand in erster Linie aus Gesprächen und Workshops mit Interessensvertretern und Spezialisten, beispielsweise Produktmanagement, Forschung und Entwicklung, Marketing und Marktforschung. Personen mit direktem Kundenkontakt konnten wertvolle Informationen über die Benutzerbedürfnisse beitragen, zum Beispiel Audiologen, die für die individuelle Anpassung des Hörgerätes für den Hörgeräteträger verantwortlich sind. Weitere wichtige Grundlagen waren Kundenfeedbacks zu bestehenden Produkten, Ergebnisse von Marktforschungs- und Benutzerstudien, Konkurrenzprodukte sowie Unternehmens- und Projektziele. In einem Visionsdokument wurden die gesammelten Resultate festgehalten.

In einem nächsten Schritt erfolgten qualitative Interviews mit Benutzern von Hörgeräten, in welchen auf die Bedürfnisse und Probleme bei der Bedienung der Hörgeräte und auf den Einsatz bestehender Fernbedienungen eingegangen wurde. Abb. 7.4 zeigt eine solche Interviewsituation.

Die Resultate der Interviews und internen Workshops wurden verwendet, um Personas und Anwendungsszenarien für die geplante neue Fernbedienung zu erstellen und zu priorisieren.

Für die weitere Definition von Form, Bedienelementen, Tastenbelegung und Funktionen der neuen Fernbedienung war es notwendig, verschiedene Varianten und Hardware-Prototypen mit Benutzern zu überprüfen. Das Ziel dabei war, mit Usability-Tests in kurzen Zyklen

Abb. 7.4 Ein Benutzer demonstriert, wie knifflig es ist, seine Fernbedienung einzuschalten, um die Programme seines Hörgeräts zu wechseln. Qualitative Interviews mit Benutzern bringen Stärken und Schwierigkeiten mit heutigen Anwendungen ans Licht und fokussieren auf die echten Benutzerbedürfnisse

Resultate zu erzielen, problematische Lösungsvarianten auszuschließen und das Interaktionsdesign weiter zu verfeinern.

Zu diesem Zweck wurde eigens eine Prototyping-Plattform entwickelt, die mit Hilfe von Video Clips und Audio Streams das Hörerlebnis für den Benutzer in beliebigen Umgebungen simuliert und einen realistischen Eindruck einer funktionstüchtigen Fernbedienung für Hörgeräte erzeugt. Mithilfe dieser Prototyping-Plattform konnten sowohl bestehende Anwendungsfälle für die Bedienung heutiger Hörgeräte überprüft werden, als auch Szenarien für zukünftige Hörgerätegenerationen ausprobiert werden, die in dieser Form nicht existieren oder technisch noch nie umgesetzt wurden. Abb. 7.5 zeigt die Anwendung der Prototyping-Plattform sowie eine Videosequenz, wie sie für die Usability-Tests benutzt wurden.

An den Usability-Tests nahmen Hörgeräteträger aus den möglichen Zielgruppen teil. Die Benutzer bekamen auf der Prototyping-Plattform realistische Hörsituationen präsentiert und interagierten mit verschiedenen Prototypen der Fernbedienung. Bereits die ersten Usability-Testserien konnten Hardware-Varianten ausschließen, weil sich Bedienelemente in der tatsächlichen Anwendung als vergleichsweise schlecht manipu-

Abb. 7.5 Simulation einer Benutzungssituation mit der neuen Fernbedienung: In diesem Usability-Test-Szenario war die Aufgabe der Benutzer, ihre Hörgeräte anzupassen, während sie zuhause fernsehen und sich mit jemand anderem unterhalten

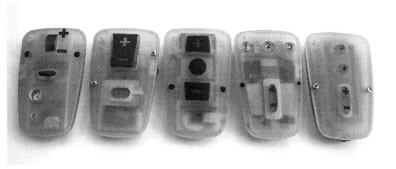

Abb. 7.6 In Usability-Tests verwendeten die Benutzer unterschiedliche Hardware-Prototypen der Fernbedienung. Sowohl die physischen Bedienelemente als auch die Tastenbelegungen sowie Funktionen und Interaktionskonzept der Fernbedienung wurden variiert

lierbar herausstellten, während andere bei den Benutzern sehr gut abschnitten. Abb. 7.6 zeigt einige zu diesem Zweck erstellte Hardware-Prototypen der Fernbedienung mit unterschiedlichen Tastenanordnungen, die in den Usability-Tests verwendet wurden.

Die Prototyping-Plattform erlaubte nicht nur die Exploration verschiedener Hardware-Varianten der neuen Fernbedienung, sondern auch verschiedene Funktionen des neuen Geräts und deren Tastenbelegung, z. B. Programme des Hörgeräts umschalten, Lautstärke einstellen, verschiedene Input-Quellen ausbalancieren usw. Während möglichst realistische Umstände simuliert wurden, konnten auch weitere Faktoren wie Antwortzeiten, akustische Rückmeldungen der Hörgeräte, und andere Variablen variiert werden.

Eine zentrale Fragestellung für die Entwicklung der neuen Fernbedienung war der Zusammenhang von Funktionsumfang und Manipulationsmöglichkeiten, die das User Interface der Fernbedienung bieten sollte. Ein Ziel war beispielsweise, die Anzahl Tasten der Fernbedienung möglichst gering zu halten, und dabei für die Benutzer eine effiziente Bedienung der wichtigsten Einstellmöglichkeiten sicherzustellen. In den Usability-Tests zeigte sich, dass sowohl zu viele Tasten, als auch eine zu geringe Anzahl Tasten mit Mehrfachbelegung die Benutzer überforder-

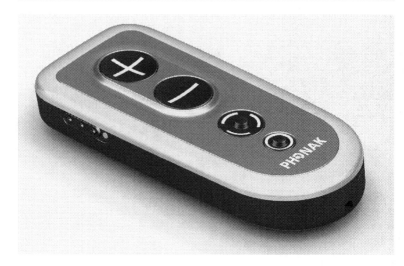

Abb. 7.7 Das Endprodukt: Eine neue, einfache und effiziente Fernbedienung für Hörgeräte mit wenigen Tasten und optimalem Interaktionskonzept. (© Phonak AG, 2012)

te. Ebenso war es möglich, die wichtigsten Funktionen zu priorisieren, unnötige Funktionen wegzulassen und damit den Funktionsumfang möglichst klein zu halten, um unnötige Komplexität für die Benutzer zu vermeiden. Nach wenigen Iterationen konnte schließlich ein gut verständliches Interaktionskonzept mit einer optimalen Tastenbelegung gefunden werden. Abb. 7.7 zeigt die neue Fernbedienung, wie sie schließlich auf den Markt kam.

Nutzen und Fazit

- Eine nutzerorientierte Methodik kann bereits in der Innovationsphase wichtige Aspekte aus Benutzersicht beitragen und damit neben technischen Rahmenbedingungen und strategischen Entscheidungen maßgebliche Anhaltspunkte für die Konzeption eines neuen Produktes liefern.

- Die Personas und Szenarien dienten den Projektbeteiligten zum Aufzeigen impliziter Annahmen über Benutzer und Anwendungssituationen. Dies erlaubte Diskussionen und schaffte eine gemeinsame Vorstellung der Produktvision.

- Aufgrund der Benutzerbedürfnisse konnte bereits zu einem frühen Zeitpunkt eine Abschätzung der Wichtigkeit verschiedener Funktionen aus Benutzersicht vorgenommen werden. Das Vorgehen erlaubte eine Eingrenzung des geplanten Funktionsumfangs und damit eine Reduktion der Komplexität für die Benutzer.

- Die Prüfung von Varianten in iterativen Usability-Testserien diente der Risikominimierung, indem wenig erfolgreiche Lösungen bereits früh im Prozess ausgeschieden und erfolgreiche Design-Varianten weiter optimiert werden konnten.

- Die eigens für die Usability-Tests entwickelte Prototyping-Plattform ermöglichte eine schnelle Umsetzung verschiedener Varianten des Interaktionsdesigns. Es musste keine aufwändige Entwicklung in Kauf genommen werden, um lauffähige und testbare Prototypen auf der Hörgeräte-Zielplattform zu realisieren. Dies stellte sich als großer Vorteil heraus. Damit war es möglich, zu einem frühen Zeitpunkt ausgereifte Interaktionskonzepte für die neue Fernbedienung zu erarbeiten und diese mit Benutzern zu überprüfen.

7.4 Fallstudie 4: Gezielter Einsatz, große Wirkung

Nicht in jedem Fall besteht die Möglichkeit, einen UX-Experten über das ganze Projekt einzubinden. Wir möchten Ihnen deshalb hier ein Fallbeispiel zeigen, bei dem ein kurzer Einsatz große Wirkung erzielte.

Steckbrief

Benutzer	Operateure, Einrichter und Servicepersonal
Produkt	Bedienpanel einer Schneidemaschine für Bleche im industriellen Bereich
Usability- und UX-Ziele	Einfachheit und vielfältige Anwendung unter einen Hut bringen
Projektphase	Konzept, Anforderungserhebung
Methoden	Personas und Szenarien, UX Prototyping, Design Workshops, Use Cases

Ausgangslage

Ein Hersteller industrieller Schneidemaschinen ist gut im High-End-Bereich positioniert und will mit einem neuen Produkt in ein neues Marktsegment vordringen. Dieses soll insbesondere auch bereits für kleine Firmen mit zwei bis drei Angestellten erschwinglich sein. Mit der Maschine kann eine solche Firma Kleinserien von Blechteilen in einer fast beliebigen Form aus einem Blech schneiden, beispielsweise für Lampen, Zahnräder, Luftgitter, Halterungen und vieles mehr. Die Entwicklung der Maschine selber ist bereits gut vorangeschritten, und es geht nun darum, die grafische Benutzerschnittstelle des Bedienpanels zu definieren. Abb. 7.8 skizziert ein solches Bedienpanel für eine Schneidemaschine.

Abb. 7.8 Eine Handskizze des geplanten Bedienpanels illustriert die Kombination von Bedienelementen und GUI

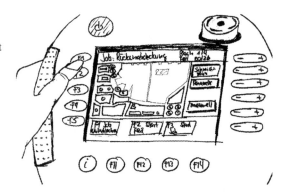

Herausforderungen

- Der internationale Vertrieb der Maschine erzeugt eine große Distanz zu den Benutzern, nicht nur geografisch, sondern auch unternehmensbezogen: Der Hersteller kommuniziert mit den Kunden nur indirekt über die lokalen Vertriebsgesellschaften.
- Das Bedienpanel besteht nicht nur aus einem GUI, sondern ist auch ein Stück Hardware und Teil einer Maschine. Die Funktionsweise der Maschine beeinflusst das Panel und umgekehrt.
- Für Usability Engineering waren nur wenige Tage Aufwand budgetiert.

Vorgehen

Der Einsatz des Usability Engineers fokussierte sich in diesem Projekt auf die Phase der Anforderungserhebung. Einfache Personas halfen, das Zielpublikum dem Projektteam näher zu bringen. Die Grundlagen waren Informationen, die von den lokalen Vertriebsgesellschaften mittels Fragebogen eingeholt wurden, sowie einzelne Interviews mit Servicetechnikern und Trainern, die gelegentlich beim Kunden vor Ort sind. Die Personas räumten mit vielen Vorurteilen auf. So entdeckte das Projektteam nicht den oft zitierten, angelernten Reisbauern, sondern einen gut ausgebildeten Ingenieur mit einem Bachelor-Abschluss. Passend dazu zeigten die Personas auch, dass die vorgesehene, strikte Rollenaufteilung zwischen dem Einrichter, der die Aufträge auf der Maschine konfiguriert und dem Operateur, der die Aufträge dann ausführt, für dieses Modell nicht sinnvoll war.

Parallel zu dieser Erhebung erstellte das Team ein User Interface Storyboard. Dieses zeigte ein charakteristisches Anwendungsszenario mit der Maschine in allen Details auf.

Damit waren die Grundlagen für einen Workshop geschaffen. Das Ziel war, das User Interface des Bedienpanels zu definieren. Der Weg dazu führte jedoch über den Produktionsprozess als Ganzes: Aufträge definieren, Rohmaterialien zuliefern und einführen, Produktion starten und überwachen und gefertigte Teile und Abfälle abtransportieren – inklusive Fehlerfälle. Es herrschte ein reges Interesse aller an der Entwicklung beteiligten Disziplinen: Entscheidungsträger der Mechanik, Elektronik, Systems Engineering, Marketing und mehr waren eingeladen worden und kamen, bereit für eine aktive Diskussion. Diese Teilnehmer spielten nun mit den Personas das Szenario Schritt für Schritt durch. Ein Styropormodell der geplanten Maschine stellte die Bühne dar, und das User Interface Storyboard das Drehbuch. Mit guten Resultaten: Es wurde nicht nur das Konzept für das Bedienpanel in vielen Teilen weiterentwickelt und den Personas und den Prozessen angepasst, auch die Maschine selber wurde verbessert.

Die Erkenntnisse des Workshops wurden vom Projektteam konsolidiert. Mit der überarbeiteten Version wurde anschließend ein zweiter Workshop gestaltet, in dem auf bisher noch offen gebliebene Fragestellungen eingegangen wurde und die Arbeiten bestätigt wurden. Auf Basis der so entstandenen Szenarien und User Interface Storyboards war das Dokumentieren der Anforderungen für das Projektteam nun sehr einfach. Use Cases und Skizzen des User Interfaces wurden dazu verwendet.

Der UX-Experte begleitete das Entwicklungsteam des Bedienpanels in der Methodik, leitete insbesondere die beiden Workshops und gab regelmäßig Feedback zu den vom Team erstellten Mock-ups. Die so erstellte Spezifikation wurde anschließend umgesetzt.

Nutzen und Fazit

- Bei einer Maschine für die industrielle Produktion geben Hardware und mögliche Produktionsprozesse das User Interface des Bedienpanels stark vor. Die Diskussion fokussierte konsequent auf die Prozesse und die Hardware und gestaltete dafür das Bedienpanel so einfach wie möglich; mit dem Nebeneffekt, dass auch Optimierungen bei Maschine und Prozessen vorgenommen wurden.
- Die Käufer der Maschine und deren Mitarbeiterstruktur definierten insbesondere Rollenaufteilung und Ausbildungsniveau der Benutzer. Die Personas brachten diese beiden Punkte in die Diskussion ein. Sie schärften den Blick auf das Zielpublikum, und es gelang, einige Vorurteile zu widerlegen. Einfachere und direktere Abläufe auf dem Bedienpanel waren die Folge davon.

- User Interface Prototyping auf Papier und in der Entwicklungsumgebung erlaubte es, in kurzer Zeit mehrere Iterationen des Bedienpanels durchzuführen. Anpassungen an Personas und Produktionsprozess, wie auch das Feedback des Gesamtprojektteams und des UX-Experten konnten so sehr kostengünstig eingearbeitet werden.
- Diesem Projekt fehlte eine Feedbackschleife mit tatsächlichen Benutzern. Eine vertiefte Analyse mit Contextual Inquiry wie auch Usability-Tests mit Benutzern hätten sicherlich noch viele wichtige Punkte zu Tage gefördert. Doch ein solches Vorgehen hätte das Budget für Usability Engineering weit überzogen.
- Für Hersteller und Kunden stimmte der gewählte Kompromiss: Der Hersteller erhielt mit wenig Zusatzaufwand ein Bedienpanel mit einer im Vergleich zur Konkurrenz guten Usability und die Kunden eine leistungsfähige Maschine zu einem guten Preis, mit der die Mitarbeiter effizient arbeiten können.

Rückblick – nutzerorientierte Prinzipien 8

Das also war des Pudels Kern! (Johann Wolfgang von Goethe)

Nutzerorientierung folgt einer bestimmten Philosophie. Dieses Kapitel soll einige Kernpunkte nochmals in Form von fünf zentralen Prinzipien zusammenfassen. Es kann hilfreich sein, sich diese Prinzipien in einer ruhigen Minute zu vergegenwärtigen und den eingeschlagenen Kurs zu überprüfen.

8.1 Fragestellung: Zielgerichtet vorgehen

Lassen Sie die in diesem Buch vorgestellten Methoden und Konzepte Revue passieren. Es wurde oft betont, wie substanziell die Definition einer Fragestellung ist:

- Eine Contextual Inquiry durchzuführen bedeutet nicht, unvorbereitet zu Benutzern zu gehen und ihnen bei der Arbeit zuzuschauen. Die Methode wird von den offenen Fragen gesteuert, die es zu beantworten gilt. Die Analysten bereiten sich intensiv vor, indem sie Hypothesen aufstellen und die offenen Fragen festhalten, die es zu beantworten gilt.

© Springer-Verlag Berlin Heidelberg 2016, M. Richter, M. D. Flückiger, *Usability und UX kompakt*, IT kompakt, DOI 10.1007/978-3-662-49828-6_8

- Geht es darum, eine heterogene Zielgruppe zu beschreiben, Nutzergruppen zu priorisieren oder die im Hinblick auf die neue Lösung relevanten Eigenschaften der Benutzer zu charakterisieren? Sollen Anforderungen an die Funktion einer neuen Lösung aufgezeigt werden
oder wird ein ideales Design umrissen? Personas können unterschiedlichen Zielen dienen und werden je nach Ziel anders ausgearbeitet.
Personas werden auch unterschiedlich charakterisiert, je nachdem, ob
Qualität der Arbeit, Effizienz, Sicherheit oder andere spezifische Be-
nutzerziele im Vordergrund stehen.
- Aus der Fragestellung lässt sich ableiten, welche Art von Prototyping
zielführend ist: Sollen neue Produktideen generiert, Anforderungen
geklärt oder die Benutzerschnittstelle konzipiert werden? Geht es darum, ein User Interface zu optimieren oder für die Entwicklung zu
spezifizieren?
- Wie und wann ein Fragebogen zum Einsatz kommt, hängt von der ge-
nauen Fragestellung der Untersuchung ab. Ist für die vorhandene Fragestellung eine quantitative Untersuchung notwendig und geeignet oder
geht es darum, Hintergründe und Zusammenhänge zu explorieren?

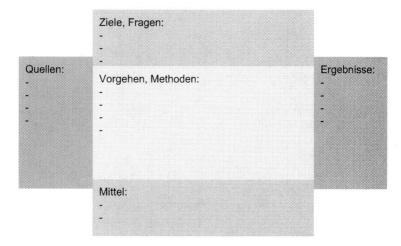

Abb. 8.1 Ein einfaches Hilfsmittel zur gemeinsamen Entwicklung von Fragestellungen und Planung der beabsichtigten nutzerorientierten Methoden in einem Workshop

Jeder Methode sollte eine wohlüberlegte Fragestellung zugrunde liegen. Abb. 8.1 zeigt ein Hilfsmittel, um in einem Workshop eine Fragestellung zu entwickeln. Die Teilnehmer schreiben aktuelle Fragen und Ziele auf und ergänzen notwendige Quellen, mögliche Methoden, beabsichtigte Resultate und dafür erforderliche Mittel.

8.2   Kontext: Für die Realität entwerfen

Usability und UX hängen per Definition nicht vom Produkt allein, sondern von der Wechselwirkung zwischen Benutzer, Werkzeug, Aufgabe und Umfeld ab. Das Nutzererlebnis entsteht erst in der tatsächlichen Anwendung. Nutzerorientierte Methoden zielen deshalb darauf ab, den realen Anwendungskontext einzubeziehen:

- Im Rahmen einer Contextual Inquiry geht der Analyst zu den Benutzern und beobachtet diese vor Ort.
- Personas und Szenarien bringen den realen Kontext in Design und Entwicklung hinein.
- Storyboards zeigen das Produkt im Umfeld der Benutzung.
- In Usability-Tests werden möglichst realistische Szenarien durchgespielt.

Ein Produkt ist kein in sich abgeschlossenes System, sondern untrennbar mit dem Kontext verbunden. Die zu erstellende Lösung muss in der Wechselwirkung mit ihrer Umwelt betrachtet werden, damit sie auch in diese Umwelt hineinpasst.

Bei der Anwendung nutzerorientierter Methoden kann das Team einen Realitäts-Check vornehmen (siehe Abb. 8.2). Bleibt der Kontext der Anwendung unberücksichtigt, wird er simuliert oder ist er real? Wie steht es bezüglich Benutzern, Aufgaben und Produkt? Eine möglichst reale Situation zu kreieren, führt zu validen Resultaten, aber benötigt mehr Zeit, längere Iterationen und damit weniger Feedbackzyklen. Trifft das Team eine gute Wahl zwischen Realitätsnähe und kurzen Iterationen?

Die Realität in ein Projekt einfließen zu lassen ist keine einfache Aufgabe und das Projektteam benötigt einige Kreativität, um dieses Ziel zu erreichen, ohne Geschwindigkeit in den Iterationen zu verlieren. Werden

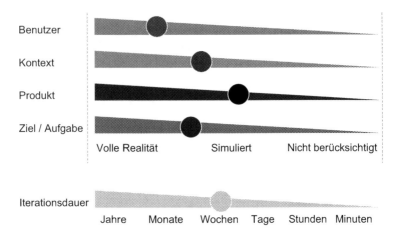

Abb. 8.2 Überdenken Sie die eingesetzte Methodik: Je näher an der Realität, desto verlässlicher die Resultate – aber desto länger dauern die Iterationen

Sie kreativ und fragen Sie sich immer wieder: Was können wir tun, um näher an die Realität zu gelangen und schneller zu iterieren?

Denkanstoß
Betrachten Sie nochmals die Fallstudien aus dem vorigen Kapitel: Ist Ihnen aufgefallen, dass einige Fragen auch mit geringer Einbeziehung der Realität einfach zu beantworten waren, manche Fragen dagegen fast unmöglich zu beantworten ohne vollständige Realität? Aufgrund dieser Erkenntnis haben die Projektteams unterschiedliche Vorgehensweisen gewählt. Hätten Sie dieselbe Wahl getroffen?

8.3   Partnerschaft: Benutzer konstruktiv einbeziehen

Partnerschaft bedeutet, Benutzer als Experten ihres Fachgebietes zu verstehen, auf deren Meinungen und Anliegen einzugehen und ihre Bedürfnisse zu berücksichtigen. Benutzer kennen die konkreten Details und Besonderheiten ihrer täglichen Aufgaben und sind schließlich die Messlatte für die Praxistauglichkeit und Attraktivität des neuen Systems.

- Contextual Inquiry ermöglicht, die Arbeit der Experten vor Ort kennenzulernen.
- Szenarien, Storyboards und Prototypen schaffen eine Sprache, die Benutzern und Entwicklern verständlich ist und ermöglichen die Zusammenarbeit.
- In Usability-Tests setzt das Projektteam seine Arbeit systematisch der Kritik der Benutzer aus.
- Fragebögen erlauben die Beurteilung eines Systems aus Sicht der Benutzer.

Projektmitarbeiter und Benutzer bilden ein interdisziplinäres Team und bearbeiten zusammen eine ausgewählte Fragestellung. So wird konstruktive Zusammenarbeit möglich.

8.4 Fakten interpretieren

Fakten werden zusammengetragen, interpretiert und die eigene Interpretation wiederum geprüft:

- Contextual Inquiry und Fragebögen dienen zum Sammeln und Auswerten von Fakten.
- Personas und Szenarien werden nicht einfach erfunden, sondern aus den gesammelten Informationen herausgearbeitet.
- Use Cases und User Stories werden aufgrund der Ergebnisse aus der Analyse von Benutzern und Kontext erstellt und verfeinert.
- Prototypen werden in Usability-Tests objektiv geprüft.

Es sollten möglichst unvoreingenommene Diskussionen geführt werden und Projektmitarbeiter sollen vorgefasste Meinungen überprüfen und gegebenenfalls revidieren. Lassen Sie die gesammelten Fakten sprechen, hören Sie aufmerksam zu, und entwerfen Sie das zu den Fakten passende Produkt.

8.5   Modellieren: Entwerfen und Feedback einholen

Eine benutzbare Lösung zu entwickeln bedeutet, Entwürfe und Modelle
zu erarbeiten und mithilfe der Benutzer zu überprüfen und zu optimieren:

- Contextual Inquiry nimmt Bezug auf bereits vorhandene Systeme und
  Arbeitsprozesse. Die Benutzer werden nicht einfach nach ihren Vorstellungen befragt. Schon in den ersten Interviews schaffen Entwürfe und Prototypen oder vergleichbare Produkte einen Bezug zu der
  Erfahrungswelt der Benutzer.
- Personas und Szenarien modellieren Bedürfnisse und Anforderungen
  der Benutzer. In Storyboards und UX-Prototypen werden diese so auf-
  bereitet, dass die Benutzer eine reale Vorstellung von der geplanten
  Lösung erhalten.
- Use Cases und User Stories repräsentieren die geplanten Funktionen
  des neuen Systems. Sie werden aufgrund der Rückmeldungen der Beteiligten präzisiert.
- UX-Prototypen spiegeln die geplanten Abläufe aus Benutzersicht
  wider. In Usability-Tests wird die Interaktion geprüft und angepasst.

Das Verständnis des Modellierens ist essenziell. Ein effektiv und effizient benutzbares und attraktives Produkt kann nicht auf Anhieb erstellt
werden. Feedbackzyklen auf verschiedenen Ebenen sind notwendig. Das
Ziel des Modellierens ist indes nicht die Erstellung des Modells selbst,
sondern besteht darin, ein vertieftes Verständnis aus verschiedenen Perspektiven zu erlangen und Rückmeldungen zu der geplanten Lösung zu
erhalten. Modellieren in diesem Sinne bedeutet Kommunikation.

Denkanstoß

Halten Sie sich ein aktuelles Projekt vor Augen. Wenn Sie die fünf geschilderten Prinzipien auf die methodischen Gepflogenheiten in diesem Projekt anwenden würden, was müssten Sie ändern?

Ausblick – verwandte Disziplinen

9

Im letzten Kapitel dieses Buches geben wir Ihnen einen Überblick über einige verwandte Gebiete und Themen. Eine scharfe Abgrenzung, wo ein Gebiet aufhört und ein anderes anfängt, ist dabei mit Sicherheit unmöglich und auch nicht unsere Absicht. Dieses Kapitel soll vielmehr aufzeigen, welche fachlichen Strömungen es gibt, wohin sich die Disziplinen entwickeln und unter welchen Begriffen Sie zu einem bestimmten Thema weitere Informationen finden können.

9.1 Design Thinking

Design Thinking ist ein nutzerorientierter Ansatz zur Konzipierung neuartiger Lösungen vor dem eigentlichen Umsetzungsprojekt. Die zentralen Elemente sind ein multidisziplinäres Team, ein kreatives Umfeld, Nutzerorientierung (statt Technikorientierung), die Erstellung und das Testen von Prototypen und ein iteratives Vorgehen.

Im Design Thinking werden bewährte Methoden aus den Design-Disziplinen, wie etwa die in diesem Buch in Kap. 4 beschriebenen nutzerorientierten Methoden, auf neue Fragestellungen und Innovationsvorhaben angewendet. Eine Vielzahl von Kreativitätstechniken ergänzt die nutzerorientierten Methoden. Nebst der Produktentwicklung werden beispielsweise auch Geschäftsstrategien, Unternehmensprozesse oder organisatorische Fragestellungen angegangen. *Design* wird damit nicht allein als

© Springer-Verlag Berlin Heidelberg 2016, M. Richter, M. D. Flückiger, *Usability und UX kompakt*, IT kompakt, DOI 10.1007/978-3-662-49828-6_9

Gestaltungsdisziplin, sondern – ganz im englischsprachigen Verständnis – als systematisches, gezieltes Erschaffen von Produkten, Prozessen oder Dienstleistungen verstanden.

Design Thinking als Methode existiert in verschiedenen Ausprägungen. Der Prozess durchläuft üblicherweise definierte Phasen, wobei die Dauer dieser Phasen nicht festgelegt ist, und abhängig vom Anwendungsfeld in wenigen Stunden, Tagen oder Wochen mehrfach durchlaufen werden kann. Die Schritte müssen nicht notwendigerweise nacheinander erfolgen. Das Vor- und Zurückspringen in andere Phasen an einem beliebigen Zeitpunkt ist sogar erwünscht.

Der an der Stanford University definierte Innovationsprozess besteht aus sechs Phasen:

1. *Understand:* Verständnis des Problemfelds durch das gesamte Team. Einrichten einer gemeinsamen kreativen Arbeitsumgebung.
2. *Observe:* Beobachten, Befragen und Interagieren mit der Zielgruppe vor Ort. Bedürfnisse der Zielgruppe identifizieren und verstehen.
3. *Point-of-view:* Zusammenführen der gewonnenen Einsichten zu einem gemeinsamen Standpunkt. Mit Hilfe von Storytelling und Visualisierungen werden die Erkenntnisse zusammengefasst und kommuniziert.
4. *Ideate:* Ideengenerierung mittels Kreativitätstechniken und Selektion der attraktiven Ideen.
5. *Prototype:* Umsetzung der ausgewählten Ideen in Prototypen und Ausprobieren. Aufgrund der Prototypen werden weitere Ideen generiert.
6. *Test:* Feedback der Zielgruppe durch Ausprobieren der Prototypen. Verfeinerung und Verbesserung der Prototypen, Entwicklung von Alternativen – oder Verwerfen der Ideen.

Der gesamte Ansatz ist konsequent nutzerorientiert, also am Menschen ausgerichtet. Die Bedürfnisse der Zielgruppe sind der Ausgangspunkt für die eigentliche Ideengenerierung. Durch frühes Erstellen und Testen von Prototypen werden Ideen schnell umgesetzt und evaluiert. Der Fokus liegt dabei weniger auf der detailgenauen Ausarbeitung der Ideen, sondern vielmehr auf dem Experimentieren und Sammeln neuer Einsichten. Durch das Wiederholen und Abwechseln der verschiedenen Schritte entsteht ein zunehmend besseres Verständnis für das Problem und mögliche Lösungen.

Gerade in den ersten Phasen der Produktentstehung kann Design Thinking einen wertvollen Rahmen bieten, um das Anwendungsfeld aus Benutzersicht zu verstehen, neue Ideen zu generieren und mögliche Lösungen auszuloten.

Die ursprünglich an der Stanford University entwickelte Methode wurde maßgeblich von der Design- und Innovationsagentur IDEO geprägt und vermarktet [Kelley et al. 01]. Ein bedeutender Treiber ist das vom Mitbegründer des Softwareunternehmens SAP, Hasso Plattner, gegründete Institut „HPI School of Design Thinking" in Potsdam. Eine umfassende Einführung bietet [Uebernickel et al. 15].

9.2 Accessibility

Das Fachgebiet *Accessibility* setzt sich mit der Frage auseinander, wie technische Systeme für Menschen mit Behinderungen oder Einschränkungen zugänglich gemacht werden können. Behindertengerechte Technologien sind besonders bei öffentlichen Systemen wie beispielsweise Fahrkartenautomaten, staatlichen Webseiten, Auskunftssystemen oder Internet-Anwendungen von großer Relevanz.

Ein wichtiger Grundsatz beim Thema Accessibility ist zunächst das Prinzip der Gleichstellung. Menschen, die beispielsweise von visuellen, kognitiven oder motorischen Einschränkungen betroffen sind, sollen die Möglichkeit erhalten, technische Systeme weitgehend genauso zu nutzen wie Nichtbehinderte. Moderne Technologien tragen gerade für diese Personen dazu bei, ein selbstständiges Leben zu führen. So erlauben etwa elektronische Publikationen auch Blinden oder stark Sehbehinderten den Konsum schriftlicher Medien. Online-Anwendungen ersparen den Weg zur Bank oder ins Lebensmittelgeschäft. Behindertengleichstellungsgesetze sind für eine ganze Reihe von Ländern in Kraft, dazu gehören auch Deutschland, Österreich und die Schweiz.

Besondere Bedeutung erlangte die Einhaltung von Accessibility-Kriterien in der Entwicklung von Webseiten. Im Rahmen der Standardisierung von Web-Technologien wurden Accessibility-Standards verabschiedet, wie z. B. die *Web Content Accessibility Guidelines 2.0*

[W3 C 08], die seit 2012 in der ISO-Norm ISO/IEC 40500 festgehalten sind [ISO 12]. Das Einhalten dieser Norm stellt beispielsweise die freie Vergrößerung von Schriften oder die Ausgabe von Inhalten mit Hilfsmitteln wie Braille-Lesegeräten und Sprachausgabesystemen sicher. Im deutschsprachigen Raum hat sich dafür der Begriff *barrierefreies Internet* eingebürgert. Webseiten der öffentlichen Hand müssen barrierefrei gestaltet sein.

9.3 Customer Experience

Customer Experience Management hat zum Ziel, das Gesamterlebnis zu optimieren, das mit der Nutzung von Diensten oder Produkten eines Unternehmens zusammenhängt. Da hier ein positives Erlebnis der Kunden als (potenzielle) Käufer im Mittelpunkt der Betrachtung steht, spricht man von *Customer* Experience. Die Betrachtung geht weit über das zu entwickelnde Produkt hinaus. Die Kundenerfahrung beinhaltet alle Berührungspunkte mit dem Unternehmen (*Customer Touch Points*), also auch alle Kontakte vor und nach der eigentlichen Nutzung eines Produkts. Dazu gehören Werbebotschaften und Markenimage ebenso wie das Einholen hilfreicher Informationen, die Unterstützung während Bestellung und Kauf oder Supportanfragen bei Problemen. Das Thema bewegt sich nahe am *Service Design*, das ebenso zum Ziel hat, dem Kunden eine ideale Erlebniswelt bei der Nutzung von Dienstleistungen zu vermitteln.

Um dies zu erreichen, muss bei den Prozessen des Unternehmens angesetzt werden. Es gilt, die internen Abläufe, organisatorische Aspekte und nicht zuletzt auch die Kultur eines Unternehmens konsequent entlang der Kundenbedürfnisse auszurichten.

Die Kundenerlebniskette (*Customer Journey*) über die verschiedenen Kontaktpunkte kann beispielsweise in Form von Szenarien beschrieben oder als eine Art Karte des Kundenerlebnisses dargestellt werden (*Experience Mapping*). Eine solche Darstellung zeigt Schwachpunkte auf, die es zu optimieren gilt. Abb. 9.1 zeigt ein Beispiel einer solchen Experience Map. Sie zeigt die gesamte Erlebniskette eines Kunden vor, während und nach der Nutzung eines Produkts oder Dienstes.

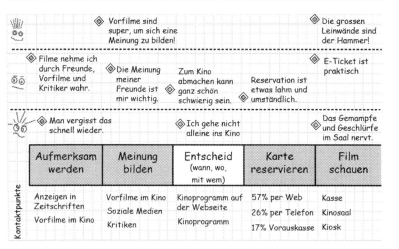

Abb. 9.1 Eine grafische Darstellung der Kundenerlebniskette zeigt auf, wie sich das Kundenerlebnis über verschiedene Kontaktpunkte mit dem Unternehmen verhält. Das Beispiel zeigt die Erlebniskette eines Kinobesuchs aus Benutzersicht und welche Aspekte dabei für den Online-Kauf einer Eintrittskarte einen positiven oder negativen Einfluss haben

Die vom Kunden subjektiv wahrgenommene Qualität der gesamten Dienstleistungskette (*Quality of Experience*) beinhaltet beispielsweise auch das Endgerät des Kunden, die Umgebung, in der die Dienstleistung genutzt wird, und die Einstellung des Kunden gegenüber der neuen Technologie, dem Unternehmen und der Dienstleistung. Eine Messung des Kundenerlebnisses erfolgt meist über Befragungen, die möglichst unmittelbar nach dem Kontakt mit dem Unternehmen erfolgen. Eine gute Einfuhrung ins Thema bietet [Schmitt 03].

9.4   Interaction Design

Das Interaktionsdesign definiert die Möglichkeiten zur Steuerung eines Systems, dessen Verhalten sowie Rückmeldungen an den Benutzer. Als Fachgebiet fokussiert sich Interaction Design auf die Herleitung und den

Entwurf geeigneter Interaktionskonzepte für digitale Produkte und Anwendungen. Neben der Gestaltung der Benutzerschnittstelle (User Interface Design) steht dabei eine gute User Experience im weiteren Sinne im Vordergrund, die das Gesamterlebnis bei der Verwendung des Produktes umfasst. Usability Engineering, Interaction Design und User Interface Design sind somit in der Regel eng gekoppelt und nicht scharf trennbar. Mittels nutzerorientierter Methoden werden die notwendigen Funktionen, Informationen und Abläufe definiert und mit Benutzern überprüft. Im Interaction Design werden die Bedürfnisse der Benutzer in konkrete Entwürfe der Benutzerschnittstelle umgesetzt, und im User Interface Design werden die Konzepte auf der Zielplattform implementiert.

Das Thema Interaction Design wurde in den vorigen Kapiteln schon mehrmals gestreift:

- In Abschn. 4.4 haben wir gezeigt, wie Prototypen unter anderem zur Konzeption der Benutzerschnittstelle, zur Optimierung von Bedienelementen und zur Ausarbeitung des Interaktionsdesigns beitragen können.
- Der Abschn. 4.6 gibt einen Überblick über Richtlinien und Vorgaben für die visuelle Gestaltung und das Layout einer bestimmten Benutzeroberfläche.

Interaction Design beinhaltet die folgenden wesentlichen Aspekte:

- Kenntnisse über gute Gestaltung und Designprozesse mit Fokus auf interaktive Produkte, z. B. aus den Disziplinen der grafischen Gestaltung oder dem Industriedesign,
- Kreative, gestalterische Techniken und Aktivitäten unter Berücksichtigung der zu vermittelnden Gefühlswelten,
- Detaillierte Kenntnisse der eingesetzten Technologie der Benutzerschnittstelle.

Die Art der Benutzerschnittstelle ist dabei von Bedeutung. Während die eingesetzten nutzerorientierten Methoden für unterschiedliche Technologien sehr ähnlich oder sogar gleich ablaufen, ist es für den Entwurf der Benutzerschnittstelle ein wesentlicher Unterschied, ob beispielsweise ein Datenverarbeitungssystem, ein mobiles Gerät, ein Bedienpanel zur Maschinensteuerung oder ein Fahrkartenautomat entwickelt wird. Folgende Punkte müssen unter anderem berücksichtigt werden:

- Eingabe- und Ausgabemedien wie Stifte, Gesten, Maus und Tastatur, Bildschirme, Touchscreens, Tasten und Displays auf Geräten,
- Zu verwendende Bedienelemente und Interaktionsprinzipien,
- Struktur und Layout der Benutzerschnittstelle,
- Aspekte wie Ergonomie, grafische Gestaltung, Industriedesign, technische Umsetzbarkeit, Corporate Design und Ästhetik.

Zu empfehlende Werke zum Thema Interaction Design sind [Cooper et al. 10], [Sharp et al. 11] sowie [Buxton et al. 12].

9.5 Security und Usability

Das Fachgebiet der IT-Security befasst sich damit, Systeme und die damit bearbeiteten Informationen vor unerlaubtem Zugriff zu schützen. Klassischerweise befassen sich Experten dabei vor allem mit den technischen Mitteln, wie beispielsweise Verschlüsselung, Identifikationsverfahren, Virenschutz, Firewalls usw.

Doch ein System kann nur sicher sein, wenn die Benutzer auch richtig mit der Sicherheitstechnologie umgehen. Beispiele für falsche Verwendung kennen wir aus unserem eigenen Alltag: Wir verschicken vertrauliche Dokumente unverschlüsselt per E-Mail, verwenden immer wieder dieselben Passwörter, öffnen potenziell böswillige E-Mails und öffnen damit Tür und Tor für die mittlerweile professionell organisierte Internetkriminalität. So landen Geschäftsgeheimnisse in öffentlichen Plattformen, und abertausende Computernutzer fallen Erpressungsversuchen mit Verschlüsselungstrojanern zum Opfer.

Damit Sicherheitstechnologien auch verwendet werden, müssen sie einfach und effizient sein und dürfen die Arbeit nicht behindern. Eine aus technischer Sicht gesteigerte Sicherheit, die Teamwork, Mobilität oder Effizienz der Benutzer in unzumutbarer Weise einschränkt, wird ganz einfach umgangen.

Das Gebiet Security setzt sich deshalb immer mehr auch mit den menschlichen Verhaltensweisen bei der Anwendung von Technologien auseinander. Nutzerorientierte Methoden helfen dabei, die tatsächlichen Ziele und Handlungsweisen der Benutzer zu verstehen. Entsprechend erscheinen vermehrt Publikationen, die sich mit der gegenseitigen Abhängigkeit von Security und Usability befassen. Eine umfassende Darstellung bietet das Buch *Security and Usability* [Cranor et al. 05].

9.6   Webdesign

Nach dem Internetboom Ende des letzten Jahrtausends setzte sich bei vielen Unternehmen die Erkenntnis durch, dass Websites nur dann eine Wirkung erzielen, wenn sie auch bezüglich Usability und UX einen guten Stand aufweisen. Es erschienen zahlreiche Publikationen mit Vorgehensweisen, Richtlinien, Tipps und Tricks für die benutzerfreundliche Gestaltung von Web-Auftritten (siehe auch Abschn. 4.6). *Web Usability* wurde beinahe zum Synonym für gutes Webdesign.

Die Nutzungsqualität von Websites wird durch einige Besonderheiten beeinflusst:

Websites stellen meist eine große Menge von Informationen für ein heterogenes Zielpublikum dar, in denen sich ein Besucher zurechtfinden soll. Eine wichtige Frage ist deshalb, wie Benutzer durch das Web-Angebot navigieren. Dazu ist der Aufbau einer verständlichen und übersichtlichen **Informationsarchitektur** notwendig.

Eine Analyse des Besucherverhaltens auf Websites und Webapplikationen mittels Logfile-Analysen kann über Schwachstellen Auskunft geben. So werden beispielsweise Abbruchraten interpretiert und selten aufgerufene Seiten oder Funktionen kritisch hinterfragt und verbessert. Werden verschiedene Varianten derselben Anwendung gleichzeitig geschaltet und ausgewertet, spricht man von **A/B Testing**. Einer zufälligen Auswahl von Benutzern wird dabei die eine oder andere Variante präsentiert. Nun können Kennzahlen gemessen und die beiden Varianten verglichen werden.

Auch wenn Grafiken, Bildwelten und Videos schon lange im Webdesign Einzug gehalten haben, sind Texte nach wie vor das wichtigste Medium zur Vermittlung von Informationen und Inhalten. Webdesign beschäftigt sich deshalb auch mit der Darstellung und Aufbereitung von Texten für die Verwendung im Web.

Bei Web-Auftritten treffen zwei unterschiedliche Interessen aufeinander: zum einen das Ziel der Besucher, Informationen und Inhalte effizient zu finden, und zum anderen die Absicht der Marketingabteilungen, die Identität ihres Unternehmens zu kommunizieren. Für erfolgreiches Webdesign ist deshalb ein Verständnis für effektive Kommunikation mit Text und Bild von Bedeutung. Zum Thema Web Usability und Webdesign ist viel Literatur erhältlich. Empfehlenswerte Bücher sind [Wirth 04] und [Krug 14].

Durch neue Technologien und aufgrund der zunehmenden Verbreitung von Breitbandanschlüssen erfuhr das Web in den letzten zehn Jahren die zweite große Veränderung seit dem Wandel vom universitären Wissensnetz zur kommerziellen Informations- und Handelsplattform. Multimediale Inhalte, Kollaboration und Community-Anwendungen sind aus unserem täglichen Leben kaum mehr wegzudenken und haben unseren Alltag und unser Sozialverhalten verändert. Im modernen Web verschmelzen Informationsverbreitung, soziale Interaktion und interaktive Applikationen und bieten scheinbar unendliche Möglichkeiten für neue Nutzererlebnisse.

9.7 Mobile User Experience

Eine neue Generation mobiler Geräte und Technologien mit intuitiven Bedienkonzepten hat die nächste Ära der Informationstechnologie eingeläutet. Mobile Produkte verändern unseren Alltag. Bei der Gestaltung mobiler Anwendungen und Dienste gilt es eine Reihe neuartiger Konzepte zu berücksichtigen.

Einfacher Zugriff jederzeit und überall

Der Zugriff auf Informationen unterwegs war schon in den 1990er Jahren ein Bedürfnis. Eine Ausrüstung mit Laptop und Modem sowie teure Datenzugriffe erlaubten dem geduldigen Benutzer früher die Arbeit unterwegs. Die wesentliche Neuerung ist nicht, *dass* wir nun von überall E-Mails beantworten, im Web surfen und unsere Dokumente bearbeiten können; die eigentliche Revolution ist die *Einfachheit*, mit der dies heute möglich ist und die dadurch erreichte hohe Marktdurchdringung. Ein Smartphone in der Jackentasche reicht unterwegs für die elegante

Erledigung der meisten Aufgaben aus. So verteilen wir – bewusst oder unbewusst – unsere Arbeit und Kommunikation auf unseren Alltag. Wir gewinnen Flexibilität und können Wartezeiten besser nutzen. Es muss weniger im Voraus geplant werden. Mobile Anwendungen verändern auch unser (Sozial-) Verhalten. Wir können jederzeit über verschiedene Kommunikationskanäle interagieren (zum Beispiel per Telefon, SMS, E-Mail, Web, Skype, Twitter, Facebook, Foren, Messenger-Apps und so weiter). Die Arbeit dringt in unser Privatleben vor. Damit verbunden sind alle positiven und negativen Auswirkungen, mit denen sich die mobile Produktentwicklung auseinandersetzen muss.

Gezielte Funktionalität

Die *mobile* Anwendung von Diensten und Produkten bringt eine weitere Konsequenz für deren Gestaltung mit sich: Der Nutzen umfangreicher integrierter Lösungen nimmt ab. Im Gegenzug verteilen sich Funktionen auf zahlreiche kleinere Einheiten, die situativ genutzt werden. So verdrängen heute smarte Apps und Online-Dienste für mobile Geräte zusehends die großen Softwarepakete des letzten Jahrzehnts. Für die Gestaltung dieser Apps bedeutet dies eine noch sorgfältigere Betrachtung der grundlegenden Fragen: Wer ist die anvisierte Zielgruppe und was sind deren Bedürfnisse? In welchem Kontext und in welchen Situationen wird die Anwendung verwendet? Welche Funktionen sind für die Benutzer in diesen Situationen wirklich nutzbringend? Die gezielte Reduktion der Funktions- und Interaktionsvielfalt klassischer Anwendungen auf die Gegebenheiten mobiler Geräte und Technologien ist eine wichtige Aufgabe bei der Gestaltung erfolgreicher mobiler Applikationen (siehe dazu auch Abschn. 2.5). Abb. 9.2 illustriert diesen Prozess.

Location Based Services

Noch vor wenigen Jahren haben sich Service-Anbieter darüber den Kopf zerbrochen, den Kunden standortbezogene Dienstleistungen schmackhaft zu machen. Heute ist es eine Selbstverständlichkeit, dass unsere mobilen Geräte dank GPS und Internetanbindung jederzeit wissen, wo wir sind und was es um uns herum gibt. Der nächste Italiener für eine gute Pizza? Was ist das für ein Gebäude vor mir? Was zeigt das Foto, das ich gerade aufgenommen habe? Wann fährt der nächste Zug nach Hause – und hat er Verspätung oder ist vielleicht sogar ein günstiges Taxi

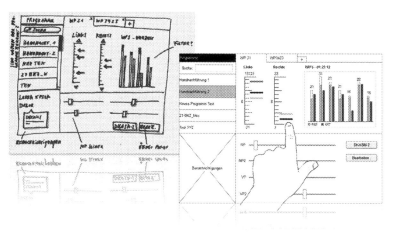

Abb. 9.2 Bei der Entwicklung einer mobilen Anwendung entscheidet die Art der Bedienung in hohem Maße über den Erfolg eines Produkts. Gezielte Funktionalität und Gestaltung der Interaktion sind für eine passende Mobile User Experience essenziell

gleich in der Nähe? Mit den entsprechenden Apps sind solche Aufgaben kein Problem mehr. Die Erwartungen der Benutzer sind entsprechend hoch. Bei der Gestaltung neuer Anwendungen ist deshalb die Frage zu klären, welche standortbezogenen Daten einen echten Mehrwert bringen, und wie diese verwendet werden können.

Sozialer Austausch

Mobile Anwendungen erlauben den ständigen Kontakt mit anderen. Auf **Social-Media-Plattformen** wie *Facebook* können wir das bebilderte Tagebuch mancher Freunde praktisch in Echtzeit nachverfolgen und unserem Darstellungsdrang selbst freien Lauf lassen. Kommunikationsplattformen wie *Twitter* bieten uns sofortige Informationen aus unserem Netzwerk und fordern im Gegenzug zu möglichst ständiger Kommunikation unserer Neuigkeiten auf. Über Networking-Dienste wie *Xing* und *Linkedin* treten wir mit interessanten Geschäftspartnern in Kontakt oder pflegen den fachlichen Austausch. Viele dieser sozialen Funktionen sind bereits weit in die Betriebssysteme mobiler Geräte integriert. Diese

Möglichkeiten des sozialen Austauschs gilt es bei der Gestaltung neuer Produkte zu berücksichtigen. Was bedeutet es, Informationen jederzeit seinem Netzwerk zugänglich machen zu können? Welche Bedürfnisse, Chancen und Gefahren gilt es dabei zu beachten? Für welche Zielgruppen ist dies interessant? Was sind die Konsequenzen einer unmittelbaren, schnellen und unter Umständen unreflektierten Mundpropaganda?

Für das Interaktionsdesign und die Implementierung mobiler Applikationen stellt sich eine Reihe weiterer Fragen:

- Auf welchen Geräten soll die Anwendung laufen? Welche Betriebssysteme und **mobile Plattformen** werden unterstützt? Die letzten Jahre brachten eine immense Vielfalt mit sich. Die wichtigsten Vertreter mobiler Plattformen sind Apples iOS-Geräte wie *iPhone* und *iPad*, Googles *Android OS* mit zahlreichen Geräten verschiedener Hersteller in allen möglichen Größen und Formen sowie Microsofts mobile Betriebssysteme und Tablet Hardware. Die Berücksichtigung der plattformspezifischen Design-Prinzipien und Richtlinien erfordert vertiefte Kenntnisse der User Interface Designer und Entwickler (siehe auch Abschn. 4.6).
- Eine besondere Herausforderung ist das Zusammenspiel verschiedener Kanäle bei der Planung neuer Dienste, also etwa die Gestaltung von Anwendungen, die sowohl über klassische Applikationen, Online-Dienste und Apps auf mobilen Geräten angeboten werden sollen. Solche **Multi-Channel**-Strategien spielen eine zunehmend wichtige Rolle für Unternehmen. Die isolierte Betrachtung des mobilen User Interfaces reicht nicht aus.
- Mobile Geräte mit den beschriebenen neuen Möglichkeiten erfreuen sich einer hohen Marktdurchdringung. Neue Apps sind für die Benutzer leicht zugänglich. Mobile Anwendungen erreichen so eine potenziell breite und heterogene Zielgruppe. Im Gegenzug ist der Wechsel zum Angebot der Konkurrenz für die Benutzer sehr einfach.
- Mobile Anwendungen stellen hohe Anforderungen an Security-Aspekte (siehe auch Abschn. 9.5) sowie Datensicherheit und werfen nicht zuletzt vielfältige und ernst zu nehmende Fragen bezüglich Datenschutz auf.

Die Anforderungen und Bedürfnisse der Benutzer im Hinblick auf diese und weitere Aspekte müssen bei der Konzeption mobiler Lösungen
berücksichtigt und sorgfältig angegangen werden. Nutzerorientierte Methoden, die den Kontext der Anwendung einbeziehen und für die Benutzer vorstellbar machen, spielen in der Entwicklung eine wichtige Rolle.

In der Fallstudie „User Centered Innovation – Simulierte Realität"
(Abschn. 7.3) haben wir bereits eine verwandte Problemstellung beschrieben. Bei mobilen Anwendungen ist es gewinnbringend, schon in
einer frühen Phase der Produktentwicklung die zukünftige Anwendung
realitätsnah zu simulieren. In einem solchen Vorgehen kommen nicht
nur Prototypen der neuen Applikation zur Anwendung. Es werden auch
realistische Anwendungssituationen simuliert und mit den Benutzern
durchgespielt, zum Beispiel die Verwendung im Zug, in einem Café,
zuhause, auf dem Weg zur Arbeit und so weiter. Auf diese Weise kann
ein neues Produkt unter möglichst realistischen Bedingungen und mit
überschaubarem Aufwand in kurzen Usability-Test-Zyklen optimiert
werden.

9.8 Der allgegenwärtige Computer

Ubiquitous Computing stellt die These auf, dass die Allgegenwärtigkeit
der Computertechnologie die nächste Ära der Informationsgesellschaft
einläutet. Der Begriff geht auf eine Veröffentlichung des Informatikers
Mark Weiser zurück [Weiser 91].

Durch die fortschreitende Miniaturisierung und Vernetzung nehmen
intelligente Gegenstände mehr und mehr Einzug in unseren Alltag und
lösen das Paradigma des klassischen PCs mit seinen Limitationen ab.
Schon heute gibt es dafür zahlreiche Beispiele, wie rechnergestützte
Haussteuerungen, die Verschmelzung von Computer, Videorekorder, Hi-
Fi-Anlage und Fernsehgerät, den medienwirksamen intelligenten Kühlschrank mit Internetanschluss, RFID-Mikrochips zur Kennzeichnung
von Gegenständen, mobile Geräte und Anwendungen, Smartphones,
Tablet PCs, intelligente Uhren und viele mehr. Das „Internet der Dinge"
erlaubt die Verbindung zahlreicher Geräte und deren Datenaustausch für
selbständige intelligente Anwendungen. In Zukunft sind noch kleinere

Computereinheiten in großer Anzahl denkbar, die unsere Umgebung durchdringen.

Weiser selbst legte großen Wert darauf, dass neben den technologischen Möglichkeiten auch die damit verbundenen soziologischen Veränderungen dieser neuen Ära diskutiert werden. Ein wesentlicher Punkt dabei ist, dass die Computerisierung der Umwelt für den Menschen weitgehend unsichtbar bleibt und im Gegensatz zum klassischen Computer keine spezielle Aufmerksamkeit erfordert. Information wird prinzipiell überall dort zur Verfügung stehen, wo sie benötigt wird. Deren Abruf soll auf natürliche Art und Weise erfolgen, ohne zu einem Informationsüberschuss zu führen. Anwendungen sollen damit schneller, einfacher und intuitiver werden. Information wird auch jenen zur Verfügung stehen, die heute keinen Zugang zu entsprechenden Technologien haben.

Abb. 9.3 Intuitive Bedienung, attraktives Design und der Situation angepasste Funktionen haben zu einer neuen Generation mobiler Anwendungen – und Benutzer – geführt. Wo geht die Reise hin?

Noch ist diese Vision mit einigen offenen Fragen verbunden. Aspekte wie Sicherheit, Privatsphäre und Datenschutz bedeuten dabei eine besondere Herausforderung.

Auch für Usability und UX führt dieser Paradigmenwechsel zu Veränderungen. Individuelle, nicht standardisierte Geräte-Hardware, neue Interaktionsweisen, intelligente, mitdenkende Systeme und in die Umgebung integrierte Geräte fordern die Disziplin.

Eines wird indessen gleich bleiben: Der „Faktor Mensch" wird bei der fortschreitenden Integration der Informationstechnologie in unseren beruflichen und privaten Alltag eine zentrale Rolle spielen (vergleiche Abb. 9.3). Die Analyse und das Verständnis menschlicher Ziele und Verhaltensweisen werden für die Umsetzung in nützliche und benutzbare Anwendungen immer substanzieller.

Persönliches Logbuch des Captains, Nachtrag:
Wie stellt man dieses verflixte Logbuch eigentlich wieder ab?

Ausbildungsverzeichnis

Deutschland

Bachelor-Stufe

Interaction Design (Bachelor of Arts Mediendesign)
SRH Hochschule der populären Künste (hdpk) Berlin
Dauer: 7 Semester, Vollzeitstudium
Studiengangleitung: Prof. Lars Roth
http://www.hdpk.de/studiengaenge/mediendesign-ba/interaction-design/

Interaktive Systeme (Studienprofil im Bachelor of Science in Information
Engineering)
Universität Konstanz
Dauer: 6 Semester, Vollzeitstudium
Profilverantwortung: Prof. Dr. Harald Reiterer
http://hci.uni-konstanz.de/

Medieninformatik mit Anwendungsfach Mensch-Maschine-Interaktion
(Bachelor of Science)
Ludwig-Maximilians-Universität München (LMU)
Dauer: 6 Semester, Vollzeitstudium
Studienleitung: Prof. Dr. Heinrich Hußmann
http://www.mmi.ifi.lmu.de/

© Springer-Verlag Berlin Heidelberg 2016, M. Richter, M. D. Flückiger,
Usability und UX kompakt, IT kompakt, DOI 10.1007/978-3-662-49828-6

Mensch-Computer-Interaktion (Bachelor of Science)
Universität Hamburg
Dauer: 6 Semester, Vollzeitstudium
Studienleitung: Prof. Dr. Frank Steinicke
http://www.inf.uni-hamburg.de/de/studies/bachelor/mci.html

Mensch-Computer-Systeme (Bachelor of Science)
Universität Würzburg
Dauer: 6 Semester, Vollzeitstudium
Studienleitung: Prof. Dr. Marc Erich Latoschik
http://hci.uni-wuerzburg.de/bs-mcs/

Mensch-Technik-Interaktion (Bachelor of Science)
Hochschule Ruhr West (HRW)
Dauer: 7 Semester, Vollzeitstudium
Studienleitung: Prof. Dr. Stefan Geisler
http://www.hochschule-ruhr-west.de/studium/studienangebot/bachelor/
mensch-technik-interaktion/

User Experience Design (Bachelor of Science)
Technische Hochschule Ingolstadt
Dauer: 7 Semester, Vollzeitstudium
Studiengangleitung: Prof. Dr. Andreas Riener
http://uxd.thi.de/

Master-Stufe

Human Computer Interaction (Master of Science)
Universität Siegen
Dauer: 4 Semester, Vollzeitstudium
Studiengangleitung: Prof. Dr. Volker Wulf, Prof. Dr. Volkmar Pipek
http://hci-siegen.de/

Human-Computer Interaction (Master of Science)
Universität Würzburg
Dauer: 4 Semester, Vollzeitstudium
Studienleitung: Prof. Dr. Marc Erich Latoschik
http://hci.uni-wuerzburg.de/ms-hci/

Human Factors (Master of Science)
Technische Universität Berlin
Dauer: 4 Semester, Vollzeitstudium
Studiengangsbeauftragter: Prof. Dr. phil. Dietrich Manzey
http://www.humanfactors.tu-berlin.de

Interaktive Systeme (Studienprofil im Master of Science in Computer &
Information Science)
Universität Konstanz
Dauer: 4 Semester, Vollzeitstudium
Profilverantwortung: Prof. Dr. Harald Reiterer
http://hci.uni-konstanz.de/

Interaction Design (Master of Arts)
Hochschule Magdeburg-Stendal
Dauer: 3 Semester, Vollzeitstudium
Studienleitung: Prof. Steffi Hußlein
http://www.hs-magdeburg.de/studium/master/interaction-design.html

Medieninformatik mit Vertiefung Human-Computer-Interaction (Master
of Science)
Online Studiengang
Hochschule Emden-Leer, Fachhochschule Lübeck, Beuth Hochschule
für Technik Berlin, Technische Hochschule Brandenburg, Hochschule
Ostfalia
Dauer: 4 Semester, Vollzeitstudium (Teilzeitstudium möglich)
http://www.hs-emden-leer.de/fachbereiche/technik/studiengaenge/
medieninformatik-online.html

Mensch-Computer-Interaktion (Master of Science)
Ludwig-Maximilians-Universität München (LMU)
Dauer: 4 Semester, Vollzeitstudium
Studienleitung: Prof. Dr. Andreas Butz
http://www.mmi.ifi.lmu.de/

Usability Engineering (Master of Science)
Hochschule Rhein-Waal
Dauer: 3 Semester, Vollzeitstudium
Studienleitung: Prof. Dr. Karsten Nebe
http://usability-engineering.hochschule-rhein-waal.de

Usability Engineering (Vertiefungsrichtung im Masterstudiengang
Software Engineering und Informationstechnik)
Technische Hochschule Nürnberg
Dauer: 3 Semester, Vollzeitstudium
Studiengangleitung: Prof. Dr. Hans-Georg Hopf
http://www.verbund-iq.de/master/master-software-engineering-
und-informationstechnik/

Advanced Studies/Zertifikate

Usability Engineering (Hochschulzertifikat)
Technische Hochschule Nürnberg
Dauer: 9 Monate, berufsbegleitend
Studienleitung: Prof. Dr. Hans-Georg Hopf
http://www.verbund-iq.de/lehrgaenge/zertifikat-usability-engineering/

Usability Engineer (Hochschulzertifikat)
Technische Hochschule Deggendorf
Dauer: 9 Monate, berufsbegleitend
Zertifikatsleitung: Prof. Dr. Michael Ponader
www.th-deg.de/zert-usability

Usability & User Experience Professional (Zertifikat)
artop-Institut an der Humboldt-Universität zu Berlin
Dauer: 9 Monate, berufsbegleitend
Studienleitung: Jens Hüttner, Knut Polkehn
http://www.artop.de/ausbildung-zum-usability-ux-professional

UX Professional (Zertifikatskurs)
Hochschule für Medien, Kommunikation und Wirtschaft (HMKW)
Berlin
Dauer: 7 Monate, berufsbegleitend
Seminarleitung: Prof. Dr. M. Luzi Beyer
http://www.hmkw.de/weiterbildung/psychologie/ux-professional/

Certified Professional for Usability and User Experience (CPUX)
International Usability and UX Qualification Board (UXQB)
Mehrtägige Zertifikatskurse
http://uxqb.org/

Usability Engineering & User Research
Fraunhofer-Institut für Angewandte Informationstechnik FIT
Mehrtägige Zertifikatskurse
http://www.usability-ux.fit.fraunhofer.de/de/weiterbildung.html

Österreich

Bachelor-Stufe

Informationsdesign (Bachelor of Arts in Arts and Design)
FH Joanneum Graz
Dauer: 6 Semester, Vollzeit
Studienleitung: Dr. Karl Stocker
http://www.fh-joanneum.at/ind

Master-Stufe

Communication, Media, Sound and Interaction Design (Master of Arts
in Arts and Design)
FH Joanneum Graz
Dauer: 4 Semester, berufsermöglichend
Studienleitung: Prof. Dr. Josef Gründler
http://www.fh-joanneum.at/mid

Human-Centered Computing (Master of Science in Engineering)
FH Oberösterreich
Dauer: 4 Semester, berufsbegleitend
Studiengangleitung: Prof. Dr. Werner Kurschl
www.fh-ooc.at/hcc

Advanced Studies/Zertifikate

User Experience Management (Master of Advanced Studies)
FH Technikum Wien
Dauer: 4 Semester, berufsbegleitend
Lehrgangsleiter: Benedikt Salzbrunn, MSc
http://academy.technikum-wien.at/mnm/uue/master-user-experience

Schweiz

Bachelor-Stufe

Interaction Design (Bachelor of Arts in Design mit Vertiefung Interaction Design)
Zürcher Hochschule der Künste (ZHdK)
Dauer: 6 Semester, Vollzeit
Studienleitung: Dr. Martin Feuz
http://iad.zhdk.ch/de/

Master-Stufe

Interaction Design (Master of Arts in Design mit Vertiefung Interaktion)
Zürcher Hochschule der Künste (ZHdK)
Dauer: 3 Semester, Vollzeit
Studienleitung: Max Rheiner
http://iad.zhdk.ch/de/

Mensch-Maschine Interaktion (Masterstudium Psychologie mit Spezialisierung)
Universität Basel
Dauer: 4 Semester, Vollzeit (Voraussetzung: Bachelor-Abschluss in Psychologie)
Studienleitung: Prof. Dr. Klaus Opwis
http://www.mmi-basel.ch

Advanced Studies/Zertifikate

Human Computer Interaction Design (Master of Advanced Studies)
Hochschule für Technik Rapperswil (HSR)
Dauer: 3 Jahre, berufsbegleitend
Studienleitung: Prof. Dr. Markus Stolze
http://www.hsr.ch/hcid

Design Thinking (CAS)
Zürcher Hochschule der Künste (ZHdK)
Dauer: 6 Monate, berufsbegleitend
Studienleitung: Stefano Vannotti
http://www.zhdk.ch/cas-design-thinking

Innovation, Customer Experience Management & Service Design (CAS)
Zürcher Hochschule für Angewandte Wissenschaften (ZHAW)
Dauer: 4 Monate, berufsbegleitend
Studienleitung: Marc Blume
http://www.zhaw.ch/imm/casics

Usability und User Experience erfolgreich umsetzen (CAS)
Fachhochschule Nordwestschweiz (FHNW)
Dauer: 2 Semester, berufsbegleitend
Studienleitung: Prof. Dr. Fred Van den Anker
http://www.fhnw.ch/aps/weiterbildung/cas/cas-usability-user-experience

Glossar

Agil   Die Bezeichnung *agil* steht für Prinzipien, Methoden und Vorgehensweisen mit dem Ziel, die Entwicklung von Produkten durch Reduktion der Bürokratie und Besinnung auf wenige, entscheidende Grundsätze produktiver zu machen. Solche Grundsätze sind: iterative Entwicklung, Zusammenarbeit, kontinuierliche Verbesserung und Adaption an Veränderungen.

Analyst   Rolle im Software-Entwicklungsprozess. In diesem Buch in erster Linie Personen, die sich mit der Aufnahme, Modellierung und Kommunikation der Anforderungen der Benutzer befassen.

Anforderung   Eine geforderte Eigenschaft, die vom neuen System erfüllt werden soll.

Anforderungsmanagement (Requirements Engineering)   Eine Sammlung von Methoden, um die Anforderungen für die Entwicklung eines technischen Systems zu erheben, zu modellieren, zu verwalten, zu prüfen und zu kommunizieren.

Benutzer   Rolle im Software-Entwicklungsprozess. Diese sollte ausschließlich von Personen wahrgenommen werden, die potenziell das neue technische System benutzen werden.

Benutzerschnittstelle (User Interface)   Auch Mensch-Maschine-Schnittstelle, Benutzungsschnittstelle oder Benutzeroberfläche genannt. Die Benutzerschnittstelle umfasst die Teile eines Systems, mit denen Personen direkt interagieren.

Computer   Eine Maschine, mit der man fast so schnell schreiben wie denken kann. (Umberto Eco)

Design Eine sich am Menschen orientierende Disziplin des Entwurfes und der Formgebung. „Gutes Design ist so wenig Design wie möglich." (Dieter Rams, deutscher Industriedesigner)

Design Thinking Nutzerorientierter Ansatz zur Konzipierung neuer Lösungen.

Ergonomie Wissenschaft zur Erforschung der Beziehungen zwischen dem Menschen und seiner Arbeit, Arbeitsmittel und Umgebung.

Evaluation Bezeichnung für den Vorgang, ein technisches System mit Benutzern zu beurteilen.

Funktionalität Die Qualität eines Produktes, bestimmte Funktionen zu erfüllen. Ein funktionales Produkt erzeugt einen möglichst hohen Nutzen bei möglichst geringer wahrgenommener Komplexität.

Geschäftsprozessmodellierung (Business Modeling) Eine Sammlung von Methoden, um ein Modell eines Geschäftssystems zu erstellen, zu verwalten und zu überprüfen.

Human Computer Interaction (HCI) Wissenschaft zur Erforschung der Kommunikation zwischen Mensch und Computer.

Human Factors Psychologisches Fachgebiet zur Erforschung menschlicher Einflussgrößen bei der Anwendung von Technologien.

Interaction Design Die Gestaltung der Interaktion zwischen Benutzer und System. Das Interaktionsdesign definiert die Möglichkeiten zur Steuerung eines Systems, sein Verhalten und seine Rückmeldungen. Als Fachgebiet umfasst Interaction Design die Herleitung einer guten Benutzerschnittstelle durch das Einbeziehen von Benutzern und beinhaltet dabei Aspekte der grafischen Gestaltung oder des Industriedesigns.

Iteratives Vorgehen Wiederholende und zielgerichtete Durchführung eines Entwicklungszyklus von Analyse bis Evaluation zur schrittweisen Annäherung von Prototypen oder Teilen eines neuen Systems an die gewünschte Lösung.

Kontext Auch Anwendungs- oder Nutzungskontext. Die Umwelt, in die ein technisches System eingebettet wird, bestehend aus den Benutzern und deren Tätigkeiten sowie dem kulturellen, sozialen, organisatorischen, physischen und technischen Umfeld.

Mobile User Experience Die Gestaltung der Erlebniswelt bei der Nutzung mobiler Geräte, Anwendungen und Dienste.

Mock-up   Eine Attrappe eines Geräts oder einer Benutzerschnittstelle, die zur Evaluation mit Benutzern und anderen Interessensvertretern verwendet werden kann. Beispielsweise mit Papier, Karton, Styropor, 3D-Druckern oder mit elektronischen Mitteln wie Grafikprogrammen erstellt. In diesem Zusammenhang spricht man auch von Lo-Fi-Prototypen (von englisch *Low Fidelity:* geringe Wiedergabetreue).

Modellieren   Die vereinfachte Darstellung und Verdeutlichung eines gewissen Ausschnitts der Realität zu einem bestimmten Zweck. Modellieren ist eine notwendige Tätigkeit auf dem Weg von den Benutzerbedürfnissen zur Realisierung eines Systems.

Prototyp   Darstellung oder Umsetzung von Aspekten des zukünftigen Systems zur Analyse, Gestaltung und Bewertung durch verschiedene Interessensgruppen, insbesondere die (potenziellen) Benutzer.

Prozess   Der Ablauf aufeinanderfolgender Tätigkeiten, um ein bestimmtes Ziel zu erreichen. Häufig anzutreffende Bedeutungen sind: Informationsflüsse und Zusammenarbeit im Unternehmen (Geschäftsprozesse), Arbeitsabläufe eines Benutzers mit einem bestimmten System (Mensch-System-Interaktion), Vorgehensmodelle für die Erstellung neuer Anwendungen und Produkte (Entwicklungsprozesse).

Software-Ergonomie   Fachgebiet zur Erforschung und Anpassung von Computeranwendungen an die menschlichen Anforderungen und Bedürfnisse.

Spezifikation   Beschreibung einer neuen Lösung als Vorgabe für die Entwicklung. Teil des Vertrags zwischen Auftraggeber und Hersteller.

Styleguide   Konkrete Vorgaben für die visuelle Gestaltung und das Layout einer bestimmten Benutzeroberfläche. Styleguides beschreiben Aussehen und Verhalten (Look&Feel) von User-Interface Elementen, abhängig von der eingesetzten Technologie.

Usability   Ein Maß für die Effektivität, Effizienz und Zufriedenheit der Benutzer mit einem technischen System. Verwandte Begriffe sind Benutzbarkeit, Gebrauchstauglichkeit und Benutzerfreundlichkeit.

Usability Engineering   Die systematische Anwendung nutzerorientierter Methoden und Techniken, um gezielt benutzbare Systeme und Produkte zu entwerfen und herzustellen.

Usability Lab   Eine speziell für Usability Testing eingerichtete Räumlichkeit.

Usability-Prinzipien   Allgemeine Richtlinien für die nutzerorientierte Gestaltung von Benutzerschnittstellen. Usability-Prinzipien können sowohl für den Entwurf als auch zur Evaluation von User Interfaces eingesetzt werden.

Use-Case-Modell   Ein Modell des Verhaltens eines Systems. Die am häufigsten verwendeten Modellelemente sind Anwendungsfall (Use Case), Akteur (Actor) und Beziehung (Relationship).

User Centered Design (UCD)   Vorgehensmodelle, welche die späteren Benutzer systematisch in die Entwicklung neuer Systeme und Produkte einbeziehen.

User Experience (UX)   Disziplin, die sich mit der Gestaltung des gesamten mit einem Produkt oder einer Dienstleistung verbundenen Erlebnisses des Benutzers auseinandersetzt.

User Interface Design   Fachbereich, der sich mit der Gestaltung von Benutzerschnittstellen anhand definierter Anforderungen beschäftigt.

Literatur

[Apple 00–16]   Apple OS X Human Interface Guidelines (2000–2016). http://developer.apple.com/mac/library/documentation/ UserExperience/Conceptual/AppleHIGuidelines/.

[Apple 08–16]   Apple iOS Human Interface Guidelines (2008–2016). http://developer.apple.com/library/ios/#documentation/ UserExperience/Conceptual/MobileHIG/.

[Beck et al. 01]   Beck et al. (2001). Manifesto for Agile Software Development. http://agilemanifesto.org/.

[Benedek et al. 02]   Benedek, J., & Miner, T. (2002). *Measuring desirability: New methods for evaluating desirability in a usability lab setting.* Proceedings of the Usability Professionals' Association Conference, 2002.

[Beyer et al. 98]   Beyer, H., & Holtzblatt, K. (1998). *Contextual Design: Defining Customer-Centered Systems.* San Francisco: Morgan Kaufmann.

[Bortz et al. 15]   Bortz, J., & Döring, N. (2015). *Forschungsmethoden und Evaluation in den Sozial- und Humanwissenschaften.* Berlin: Springer.

[Buxton et al. 12]   Buxton, B., Greenberg, S., Carpendale, S., & Marquardt, N. (2012). *Sketching User Experiences: The Workbook.* San Francisco: Morgan Kaufmann.

[Cockburn 03]   Cockburn, A. (2003). *Use Cases effektiv erstellen.* Bonn: Mitp.

[Cohn 04]   Cohn, M. (2004). *User Stories für die agile Software-Entwicklung mit Scrum, XP u. a.* Bonn: Mitp.

[Constantine et al. 99]   Constantine, L., & Lockwood, L. (1999). *Software for Use: A Practical Guide to the Models and Methods of Usage-Centered Design.* Boston: Addison-Wesley Professional.

[Cooper et al. 10]   Cooper, A., Reimann, R., & Cronin, D. (2010). *About Face: Interface und Interaction Design.* Bonn: Mitp.

[Courage et al. 15]   Courage, C., & Baxter, K. (2015). *Understanding Your Users: A Practical Guide to User Research Methods*. San Francisco: Morgan Kaufmann.

[Cranor et al. 05]   Cranor, L. F., & Garfinkel, S. (2005). *Security and Usability: Designing Secure Systems That People Can Use*. Sebastopol: O'Reilly Media.

[DIN 08]   DIN EN 62366 (2008). Medizinprodukte – Anwendung der Gebrauchstauglichkeit auf Medizinprodukte (IEC 62366:2007); Deutsche Fassung EN 62366:2008. Berlin: Beuth.

[DIN 16]   DIN EN 60601-1-6 (2016). Medizinische elektrische Geräte – Teil 1–6: Allgemeine Festlegungen für die Sicherheit einschließlich der wesentlichen Leistungsmerkmale – Ergänzungsnorm: Gebrauchstauglichkeit (IEC 60601-1-6:2010 + A1:2013); Deutsche Fassung EN 60601-1-6:2010 + A1:2015. Berlin: Beuth.

[Dirbach et al. 11]   Dirbach, J., Flückiger, M., & Lentz, S. (2011). *Software entwickeln mit Verstand*. Heidelberg: dpunkt.

[Ebert 14]   Ebert, C. (2014). *Systematisches Requirements Engineering: Anforderungen ermitteln, dokumentieren, analysieren und verwalten*. Bonn: dpunkt.

[EG 90]   EG 90/270/EWG. Verordnung über Sicherheit und Gesundheitsschutz bei der Arbeit an Bildschirmgeräten. (1990). EG.

[Garrett 10]   Garrett, J. J. (2010). *The Elements of User Experience: User-Centered Design for the Web and Beyond*. Berkley: New Riders.

[GDS 16]   Government Digital Service (2016). Government Service Design Manual. GOV.UK. http://www.gov.uk/service-manual.

[Hartson et al. 12]   Hartson, R., & Pyla, P. (2012). *The UX Book: Process and Guidelines for Ensuring a Quality User Experience*. San Francisco: Morgan Kaufmann.

[Hassenzahl et al. 03]   Hassenzahl, M., Burmester, M., & Koller, F. (2003). AttrakDiff: Ein Fragebogen zur Messung wahrgenommener hedonischer und pragmatischer Qualität. In J. Ziegler, & G. Szwillus (Hrsg.), *Mensch & Computer 2003. Interaktion in Bewegung* (S. 187–196). Stuttgart, Leipzig: B.G. Teubner. http://attrakdiff.de.

[ISO 96–16]   DIN EN ISO 9241 (1996–2016). Ergonomische Anforderungen für Bürotätigkeiten mit Bildschirmgeräten, seit 2006: Ergonomie der Mensch-System-Interaktion. Berlin: Beuth.

[ISO 98]   DIN EN ISO 9241-11 (1998). Ergonomische Anforderungen für Bürotätigkeiten mit Bildschirmgeräten – Teil 11: Anforderungen an die Gebrauchstauglichkeit; Leitsätze (ISO 9241-

	11:1998); Deutsche Fassung EN ISO 9241-11:1998. Berlin: Beuth.
[ISO 06-1]	DIN EN ISO 9241-110 (2006). Ergonomie der Mensch-System-Interaktion – Teil 110: Grundsätze der Dialoggestaltung (ISO 9241-110:2006); Deutsche Fassung EN ISO 9241-110:2006. Berlin: Beuth.
[ISO 06-2]	ISO/IEC 25062 (2006). Software-Engineering – Qualitätskriterien und Bewertung von Softwareprodukten (SQuaRE) – Gemeinsames Industrieformat (CIF) für Berichte über Gebrauchstauglichkeitsprüfungen. Berlin: Beuth.
[ISO 10]	ISO/DIS 9241-210 (2010). Ergonomie der Mensch-System-Interaktion – Teil 210: Prozess zur Gestaltung gebrauchstauglicher interaktiver Systeme (ISO 9241-210:2010); Deutsche Fassung EN ISO 9241-210:2010. Berlin: Beuth.
[ISO/IEC 12]	ISO/IEC 40500 (2012). Information technology – W3C Web Content Accessibility Guidelines (WCAG) 2.0. Berlin: Beuth.
[ISO 13]	ISO/IEC 25064 (2013). System- und Software-Engineering – Qualitätskriterien und Bewertung von Softwareprodukten (SQuaRE) – Common Industry Format (CIF) für Bedienbarkeit: Bericht der Anwenderanforderungen. Berlin: Beuth.
[ISO 16]	DIN EN ISO 9241-11 (2016). Ergonomie der Mensch-System-Interaktion – Teil 11: Gebrauchstauglichkeit: Begriffe und Konzepte (ISO/DIS 9241-11:2015); Deutsche und Englische Fassung prEN ISO 9241-11:2015. Berlin: Beuth.
[Johnson 07]	Johnson, J. (2007). *GUI Bloopers 2.0: Common User Interface Design Don'ts and Dos*. San Francisco: Morgan Kaufmann.
[Kelley et al. 01]	Kelley, T., & Littman, J. (2001). *The Art of Innovation: Lessons in Creativity from IDEO, America's Leading Design Firm*. New York: Doubleday.
[Kroll et al. 03]	Kroll, P., Kruchten, P., & Booch, G. (2003). *The Rational Unified Process Made Easy: A Practitioner's Guide to the RUP*. Amsterdam: Addison-Wesley Longman.
[Krug 14]	Krug, S. (2014). *Don't make me think! Web & mobile Usability: Das intuitive Web*. Bonn: Mitp.
[Laugwitz et al. 08]	Laugwitz, B., Held, T., & Schrepp, M. (2008). Construction and evaluation of a user experience questionnaire. In A. Holzinger (Hrsg.), *USAB 2008* LNCS, (Bd. 5298, S. 63–76). Heidelberg: Springer. http://www.ueq-online.org/.
[Mayhew 99]	Mayhew, D. (1999). *The Usability Engineering Lifecycle: A Practitioner's Handbook for User Interface Design*. San Diego: Morgan Kaufmann Academic Press.
[Microsoft 16]	Guidelines for Universal Windows Platform (UWP) apps (2016). http://dev.windows.com/en-us/design.

[Miller 56]   Miller, G. A. (1956). The Magical Number Seven, Plus or
                       Minus Two: Some Limits on our Capacity for Processing In-
                       formation. *Psychological Review*, *63*, 81–97.

[Moser 12]   Moser, C. (2012). *User Experience Design: Mit erlebnis-
                       zentrierter Softwareentwicklung zu Produkten, die begeistern*.
                       Heidelberg: Springer Vieweg.

[Nielsen 93]   Nielsen, J. (1993). *Usability Engineering*. San Francisco:
                       Morgan Kaufmann.

[Norman 88]   Norman, D. (1988). *The Psychology of Everyday Things (neu-
                       er Titel: The Design of Everyday Things)*. New York: Basic
                       Books.

[Patton 14]   Patton, J. (2014). *User Story Mapping. Discover the Whole
                       Story, Build the Right Product*. Sebastopol: O'Reilly Media.

[Prümper et al. 97]   Prümper, J., & Anft, M. (1997). *ISONORM 9241/10. Beur-
                       teilungsbogen auf Grundlage der Internationalen Ergonomie-
                       Norm ISO 9241-10*. Berlin: Büro für Arbeits- und Organisati-
                       onspsychologie.

[Richter 99]   Richter, M. (1999). Online Befragung als neues Instrument
                       zur Beurteilung der Benutzerfreundlichkeit von Software. In
                       U.-D. Reips, B. Batinic, W. Bandilla, M. Bosnjak, L. Gräf,
                       K. Moser, & A. Werner (Hrsg.), *Aktuelle Online Forschung
                       – Trends, Techniken, Ergebnisse*. Zürich: Online Press. http://
                       www.gor.de/gor99/tband99/.

[Richter et al. 14]   Richter, M., & Flückiger, M. (2014). User-Centered Enginee-
                       ring: Creating Products for Humans. Heidelberg: Springer.

[Rosson et al. 02]   Rosson, M. B., & Carroll, J. M. (2002). *Usability Enginee-
                       ring: Scenario-Based Development of Human Computer In-
                       teraction*. San Francisco: Morgan Kaufmann.

[Schmitt 03]   Schmitt, B. (2003). *Customer Experience Management: A Re-
                       volutionary Approach to Connecting with Your Customers*.
                       Wiley.

[Schwaber et al. 91–14]Schwaber, K., & Sutherland, J. (1991–2014). The Scrum
                       Guide. http://www.scrum.org/Scrum-Guide.

[Scott et al. 09]   Scott, B., & Neil, T. (2009). *Designing Web Interfaces.
                       Principles and Patterns for Rich Interactions*. Sebastopol:
                       O'Reilly Media.

[Sharp et al. 11]   Sharp, H., Rogers, Y., & Preece, J. (2011). *Interaction De-
                       sign: Beyond Human-Computer Interaction*. Chichester: Wi-
                       ley.

[Snyder 03]   Snyder, C. (2003). *Paper Prototyping: The fast and easy way
                       to define and refine User Interfaces*. San Francisco: Morgan
                       Kaufmann.

[Tidwell 11]   Tidwell, J. (2011). *Designing Interfaces: Patterns for Effec-
                       tive Interaction Design*. Sebastopol: O'Reilly Media.

[Uebernickel et al. 15]	Uebernickel, F., Brenner, W., Naef, T., Pukall, B., & Schindlholzer, B. (2015). *Design Thinking: Das Handbuch*. Frankfurt: Frankfurter Allgemeine Buch.
[UEQ 12]	User Experience Questionnaire (UEQ) (2012). http://www.ueq-online.org/.
[W3C 08]	W3C Web Content Accessibility Guidelines 2.0 (2008). http://www.w3.org/WAI/.
[Weiser 91]	Weiser, M. (1991). The Computer for the 21st Century. *Scientific American*, *265*(3), 94.
[Wirdemann 11]	Wirdemann, R. (2011). *Scrum mit User Stories*. München: Hanser.
[Willumeit et al. 96]	Willumeit, H., Gediga, G., & Hamborg, K.-C. (1996). IsoMetrics: Ein Verfahren zur formativen Evaluation von Software nach ISO 9241/10. *Ergonomie & Informatik*, *27*, 5–12.
[Wirth 04]	Wirth, T. (2004). *Missing Links: Über gutes Webdesign*. München: Hanser.

Weiterführende Literatur

[Goodwin 09]	Goodwin, K. (2009). *Designing for the Digital Age*. New York: Wiley.
[Gothelf 15]	Gothelf, J. (2015). *Lean UX: Mit der Lean-Methode zu besserer User Experience*. Bonn: Mitp.
[Holtzblatt 04]	Holtzblatt, K., Wendell, J., & Wood, S. (2004). *Rapid Contextual Design: A Howto Guide to Key Techniques for User-Centered Design*. San Francsico: Morgan Kaufmann.

Sachverzeichnis